LE PROCES EN REPARATION DES AFRICAIN.E.S

Questions contemporaines

Collection dirigée par Jean-Paul Chagnollaud,
Bruno Péquignot et Denis Rolland

Chômage, exclusion, globalisation… Jamais les « questions contemporaines » n'ont été aussi nombreuses et aussi complexes à appréhender. Le pari de la collection « Questions contemporaines » est d'offrir un espace de réflexion et de débat à tous ceux, chercheurs, militants ou praticiens, qui osent penser autrement, exprimer des idées neuves et ouvrir de nouvelles pistes à la réflexion collective.

Dernières parutions

Jacques ARNOULD, *L'espace n'est pas un dépotoir !*, 2023.
Jean-Denis DUPUY, *L'humanité au risque de son autoconstruction*, 2023.
Mickaël DA SILVA, *La place du citoyen dans le nucléaire en France. Ou l'émergence d'un potentiel participatif*, 2023.
Pierre MARTIN-PRÉVEL, *Démocratie et mensonges*, 2023.
Michel MORIN-FAVROT, *Le millefeuille de la pauvreté*, 2023.
Jérôme DEVILLARD, *Changer d'éducation. Inventer une nouvelle société ensemble*, 2023.
Michel JOLI, *Climat : de l'irréversible et du réparable. « C'est quand qu'on va où ? »*, 2023.
Manon GIDEL, *Traumatisme chez l'adolescent victime de viol. L'impact et la prise en charge dans le cadre de sa scolarité*, 2023.
Stéphanie BORY, Paloma OTAOLA et Nolwenn SALMON (dir.), *Tactiques de création à l'ombre de la censure. À l'ombre de la censure I*, 2023
Stéphanie BORY, Paloma OTAOLA et Nolwenn SALMON (dir.), *Tactiques d'expression à l'ombre de la censure. À l'ombre de la censure II*, 2023
Pascal BERIA, *Non-sens commun. Pour une éthique des contenus*, 2023.
Philippe ANNABA, *L'homo sapiens : un animal dénaturé*, 2023.
Michel BASS (dir.), *Controverse sur le consentement. Cinq auteurs à l'épreuve du dissensus*, 2023.

Rodolphe Solbiac

Le procès en réparation de l'esclavagisation des Africain.e.s

Les plaidoiries des avocats du M.I.R.

Avant-propos de Garcin Malsa

L'Harmattan

5-7, rue de l'Ecole-Polytechnique, 75005 Paris
http://www.editions-harmattan.fr
ISBN : 978-2-14-048591-6
EAN : 9782140485916

Remerciements

Il convient ici de remercier toutes les personnes qui ont patiemment reconstitué les plaidoiries à partir de diverses prises de notes.

Sommaire

Avant-propos de Garcin Malsa Président du M.I.R

À la suite de longues discussions entre les avocats du M.I.R et le président du tribunal de la cour d'appel de Fort-de-France, représentant le ministre de la Justice, il a été convenu de faire du procès des 11 et 12 octobre 2021 une affaire qui dépasse le cadre de la Martinique, de la Guadeloupe et de la Guyane pour se situer dans une dynamique internationale.

Une telle dynamique découle, naturellement, du caractère mondialisé de l'extermination des autochtones, de la traite, de la déportation et de la mise en esclavage des Africain.e.s.

En effet, ce procès possède un caractère historique dont témoigne la force et la détermination apportée par des avocats venus d'Afrique et de sa diaspora.

Ainsi, en réponse à une demande formulée par le M.I.R auprès du Garde des Sceaux, le président de la Cour d'appel a accepté que ce procès des 11 et 12 octobre 2021 se tienne sur 2 jours et qu'il soit filmé pour une plus grande audience.

En tant que président du M.I.R, je voudrais remercier tous ceux et toutes celles qui nous ont accompagnés depuis 2005.

Je voudrais avoir un mot particulier pour ces juristes et avocats qui ont tout fait pour sortir notre action du ridicule dans lequel les juges la plaçaient dans un premier temps. Ils ont fait la démonstration de la pertinence de cette question des réparations qui sert aujourd'hui de plateforme juridique, pour les juristes bien sûr, mais aussi pour les juges. Ces avocats et juristes ont permis d'établir un socle juridique qui pourrait contribuer non seulement à sortir d'un système inique pour l'humanité, mais aussi à aller vers un monde plus juste, plus harmonieux et plus paisible.

J'espère que ce travail commencé sera poursuivi et enrichi par les jeunes générations qui apporteront leur pierre à un édifice qu'il n'a pas été facile de construire, à une époque où la question de la traite et l'esclavagisation des Africains étaient loin d'être reconnues et débattues dans les différentes sphères de la société.

À ce stade du combat pour les réparations, tout concourt à croire que nous allons gagner. Sur le plan idéologique, il est sûr que le combat est déjà gagné puisque cette question est débattue à tous les coins de rue et dans toutes les instances.

D'aucuns pensent que la question financière est la question la plus importante. Bien sûr, elle l'est ! Puisqu'il ne s'agit pas pour nous d'une réparation individuelle ou même de groupe. Il s'agit d'une réparation qui doit répondre à la question de l'éducation, de la santé, de la sécurité et de l'autonomie alimentaire, du respect de notre biodiversité, tous ces éléments qui relèvent, avant tout, du respect de notre dignité et de notre personne humaine.

Et puisque l'on veut toujours nous ramener à une question monétaire, j'en profite pour saluer tous ces avocats qui ont donné, sans compter, de leur temps et de leur réflexion. Je salue leur détermination et leur courage face aux juges, sacrifiant quelquefois leur cabinet, pour mener gracieusement ce combat. Il fallait y croire et ils nous ont permis de croire que nous pouvions bouger les lignes.

Garcin Malsa
Président du M.I.R

Introduction : le contexte et la portée du procès des 11 et 12 octobre 2021 devant la cour d'appel de Fort-de-France

Rodolphe Solbiac

Cet ouvrage recueille les plaidoiries présentées lors du procès en appel de la décision rendue le 4 avril 2017 à l'issue de la seconde procédure entamée en 2015 par le M.I.R[1], le C.I.P.N[2], l'association comité d'organisation du 10 mai et quelques afrodescendants, personnes physiques.

Ces organisations réclamaient à l'Etat français réparation pour les crimes de déportation et de mise en esclavage d'Africain.e.s dans le cadre de la Traite transatlantique.

Ces plaidoiries analysent le positionnement adopté par les juges français face à la demande de réparations. Elles démontrent le caractère incontournable du droit intangible à la réparation qu'offre la loi Taubira en soulignant l'impossibilité d'en exclure le principe de réparation matérielle.

Elles débattent de l'imprescriptibilité du crime comme de l'empêchement d'agir qui a perduré plusieurs décennies après le décret d'abolition de 1848. Si l'ensemble de ces plaidoiries font œuvre de devoir de mémoire, certaines examinent plus particulièrement les conséquences psychiques et psychologiques de la traite et de la mise en esclavage, les préjudices passés des victimes ainsi que les préjudices actuels de leurs ayants droit.

---

[1] Mouvement International pour les réparations.

[2] Comité International des Peuples Noirs.

La plupart des plaidoiries présentées dans cet ouvrage ont été réécrites ou relues par leurs auteurs. Certaines ont été reconstituées à partir des notes prises par ceux et celles qui ont assisté aux audiences.

En préalable à la découverte des plaidoiries il convient de rappeler les principales étapes de ces actions.

Deux actions devant les juridictions civiles de Fort-de-France ont été lancées par le M.I.R et ses alliés contre l'État français. Ces organisations réclamaient réparation pour les trois crimes contre l'humanité que ce dernier a commis avec la Traite, constitutive de deux crimes, celui des déportations d'adultes, et des déportations d'enfants (qualifiées de génocides), et le troisième crime de mise en esclavage de ces personnes déportées.

La première action a été intentée en 2005, la seconde en 2015.

La première action de 2005

Le 30 mai 2005, dans la cadre de la première action intentée par le M.I.R, le C.M.D.P.A[3] et d'autres afrodescendants, ces requérants demandaient une provision de 200 millions d'euros et la désignation d'un collège d'experts composé de personnes spécialistes de la question, dans divers domaines, pour faire des propositions quant aux réparations.

L'État français s'est opposé à cette première demande en invoquant divers moyens notamment que l'esclavage était légal[4] à l'époque des faits et règlementé par le code noir que

---

[3] Conseil Mondial de la Diaspora Panafricaine.

[4] La contestation de cette argument du tribunal avait permis aux requérants d'obtenir le rejet de l'incompétence soulevée par l'Etat qui demandait que l'affaire soit jugée par le tribunal administratif. Les requérants avaient soutenu alors qu'il y avait eu voie de fait, du fait de

l'action était prescrite, compte tenu du temps écoulé, ou le fait que la loi Taubira était dépourvue de portée normative.

L'État français argumentait, de plus, qu'il s'agissait d'une loi mémorielle, comme l'avait décidé la Cour de cassation dans un arrêt du 5 février 2013.

Le jugement premier jugement rendu en 2014 : action prescrite ?

Après environ 9 ans de procédure, le tribunal par une décision en date du 29 avril 2014 estima finalement que l'action était prescrite.

Ce premier jugement rendu en 2014 a été confirmé en appel en 2017

Après l'appel de cette décision par le M.I.R et les autres demandeurs, le 17 décembre 2017, la Cour d'appel de Fort-de-France confirme ce jugement rendu en 2014.

L'arrêt de la Cour de cassation du 17 avril 2019

Par un arrêt du 17 avril 2019, la Cour de cassation a rendu sa décision sur le pourvoi introduit par M.I.R contre la décision de la cour d'appel de Fort-de-France le 17 décembre 2017, déboutant les demandeurs qui réclamaient réparation à l'État français.

La Cour suprême française a validé la thèse soutenue par les juges du fond d'une prescription acquise tant en vertu de l'article 1382 ancien du Code civil que de la loi du 31 décembre 1968 fixant les règles de prescription contre la puissance publique.

---

l'atteinte massive à la liberté individuelle, ce qui rendait le crime illégal malgré le code noir qui n'avait pas été ratifié par le parlement de Paris. Le tribunal les a suivis sur ce point et a déclaré leur action devant un juge civil recevable.

La Cour suprême française valide ainsi la thèse selon laquelle les victimes des trois crimes et leur ayants droit n'ont pas agi dans le délai, et auraient laissé leur droit d'action se prescrire.

Cette décision s'inscrit dans la logique de la Haute Cour de protéger les intérêts de l'État contre le droit, le principe de justice et le respect dû aux victimes de ces trois crimes et à leurs ayants droit, respect proclamé par la loi Taubira. Cette loi Taubira est par conséquent dégradée en un texte privé de toute portée normative. Ces arguments retenus par la cour vident le concept de crime contre l'humanité de sa substance en invoquant le caractère prescriptible des deux crimes.

L'arrêt de la Cour de cassation 17 avril 2019 : une reconnaissance de l'existence d'un droit à réparation auprès de l'État français

Cependant, cet arrêt de la Cour de cassation vaut reconnaissance de ce qu'il y a bien eu un droit à réparation contre l'État français du fait des horreurs commises sous le régime de ladite traite et de la mise en esclavage des non-blancs, africains et amérindiens.

Au-delà de la reconnaissance que la Cour de cassation se voit contrainte de faire qu'il y a bien eu un droit à réparation contre l'État français, la haute juridiction, prétend que les affranchis de 1848 et leurs ayant droit avaient eu la possibilité d'agir dès le décret d'abolition, au nom de la violation de la dignité humaine, et, plus de cent ans après le décret de l'abolition, ne pourraient plus se prévaloir du fait qu'il leur aurait été interdit d'agir jusque-là, les prescriptions tant de l'article 1382 ancien, que de la loi du 31 décembre 1968 leur devenant alors opposables.

La Cour de cassation ne prend pas en compte les éléments suivants :

– Jusqu'à l'arrêt Blanco du 8 février 1873, la responsabilité de l'État n'existait pas.

– Le texte du décret de 1848 qui fait référence à cette violation de la dignité humaine, étant situé dans le préambule, est dénué de portée normative.

– Le concept de dignité humaine n'a émergé dans le droit français qu'en 1995 avec l'affaire des lancers de nains.

– Le délai de la prescription des trois crimes (si l'on admet l'inconcevable, que des crimes contre l'humanité sont prescriptibles), n'a pu encore courir puisque, depuis que la question de la réparation est posée, tout conjure à refouler la question de ce droit. L'État, la République française et le sens commun ayant édicté, arbitrairement, que les trois crimes sont non seulement irréparables, mais qu'il n'est pas question de les réparer juridiquement.

La Cour européenne des droits de l'Homme saisie en 2019.

En août 2019, considérant que cette décision était constitutive d'un déni de justice, le M.I.R et un certain nombre d'Afrodescendants l'ont déférée auprès de la Cour Européenne des Droits de l'Homme.

La Cour européenne des droits de l'Homme a déclaré leur demande recevable.

Le M.I.R intente un deuxième procès en 2015

En 2015, avec d'autres Afrodescendants, le M.I.R intente, un deuxième procès contre l'Etat français devant le juge civil de Fort-de-France pour les crimes de déportation et de mise en esclavage des Africains sur le fondement de la loi Taubira.

4 avril 2017 : rejet des demandes des requérants

Le jugement de cette deuxième affaire est rendu le 4 avril 2017. Il rejette les demandes du M.I.R en s'appuyant sur la jurisprudence de l'arrêt de la Cour de cassation de 2013.

En effet, dans ce jugement du 4 avril 2017, le tribunal de Fort-de-France s'est fondé essentiellement l'arrêt du 5 février 2013 selon lequel la loi Taubira n'aurait pas de portée normative.

11 et 12 octobre 2021 : appel de la décision du 4 avril 2017

Appel de ce jugement a été interjeté par le M.I.R et les autres demandeurs et c'est cette affaire qui est jugée par la cour d'appel de Fort-de-France les 11 et 12 octobre 2021.

Compte tenu de l'importance que revêtait ce procès, le M.I.R et ses partenaires avaient fait appel à une dizaine d'avocats venant de Guadeloupe, de la Guyane, d'Afrique, de France et de Martinique.

Présentation des Avocats

Cet ouvrage recueille les plaidoiries des avocats suivants :

Me Maryse Duhamel, Barreau de Martinique
Me Samy Salamon, barreau de Martinique
Me Dominique Monotuka, barreau de Martinique
Me Georges Emmanuel Germany, barreau de Martinique
Me Alain Manville, barreau de Martinique
Me Sarah Aristide, barreau de Guadeloupe / Saint-Martin
Me Evita Chevry, barreau de Guadeloupe / Saint-Martin
Me Line Louze Donzenac (Ancien Bâtonnier), barreau de Guyane
Me Rose Lyne, Robeiri, barreau de Guyane
Me Barnabé G. Gbago barreau du Bénin

I. Audience du lundi 11 octobre 2021

1. Introduction à la question de la réparation

1.1. Introduction à la question de la réparation, Me Georges Emmanuel Germany[5]

Est-ce que la cour dort ? Non la cour ne dort pas.

C'est comme cela que nos veillées commencent, mais nous n'avons plus de veillée. La colonisation, la contamination sont passées par là. Nous venons ici vivants, et requérants.

Ne prenez pas la peine de juger irrecevables les pièces à conviction versées aux débats après la clôture (les chaînes). De quoi s'agit-il ? Oh, trois fois rien, des entraves aux pieds, aux mains et un clin d'œil à notre bassin Caraïbes, des traces espagnoles, américaines, de ce qui a suivi l'esclavage, la discrimination, le racisme. Ces objets vous savez qu'ils ont existé, vous les voyez davantage dans le monde des Anglo-saxons, car ils ont moins de honte à reconnaître ce qu'ils ont fait.

Oui on n'a pas été sympas avec les Indiens, on leur donne des terres et un chèque.

Nous, on attend toujours notre chèque et la restitution de nos terres. La France, que j'ai l'honneur de combattre (il regarde l'avocate de la partie adverse), l'État français, nous lui livrons un combat inégal. En apparence, nous sommes

[5] Plaidoirie reconstituée à partir des notes prises lors des audiences.

une dizaine, ils ne sont que deux, mais nous sommes moins d'un demi-million quand eux sont plus de 70 millions. Le combat est inégal. Le sentiment, c'est ce qui doit prévaloir avant de lire votre décision. L'apparence c'est ce qui doit donner le sentiment de l'impartialité.

Ça n'a pas été facile pour moi de convaincre les requérants, le public… Oui, mais maître c'est les avocats et les juges de l'État français. Ayez confiance… Il est question de négationnisme. Le crime contre l'humanité commence en 1454, le pape Nicolas V décide que nous n'avons pas d'âme. Ce crime est d'abord un crime catholique, avant d'être juif. Il commence lorsqu'on s'en prend à l'esprit humain et qu'on dit que les personnes qui ont la peau noire n'ont pas d'âme. La controverse de Valladolid ne changera rien. Ce crime contre l'esprit humain va être suivi d'un crime contre les corps, depuis les razzias. La France a commis ces exactions. De nombreux héros ont disparu des livres d'histoire.

Il ne faut pas utiliser le mot « déporté », on ne va pas dire que les razzias c'est du « génocide » alors que par exemple, le transfert forcé d'enfant est un acte de génocide. Et les enfants étaient séparés de leurs parents et envoyés seuls. Parler de génocide ce serait nous appliquer le Code pénal français, tous les textes internationaux et respecter le statut de la Cour Pénale Internationale. **La France ne peut pas se permettre de respecter le droit, la loi.**

Le premier crime commis c'est le génocide. Après viennent la déportation des corps, les trois semaines ou plus à fond de cale. La déportation, le génocide juif a donné lieu à de nombreux écrits. Nous, c'est discuté, c'est discutable… Il ne s'agit pas de concurrence des mémoires, qui oserait comparer l'ignoble ?

Nous concernant, les chiffres sont discutables. Parlons de la mortalité au cours du voyage. On fait un coefficient multiplicateur de 5, car certains disent 10 et d'autres oublient. Donc entre 5 et 10 millions de personnes victimes de la traite et l'esclavage par la France qui ne reconnaît qu'un million de victimes, car elle compte les esclaves arrivés vivants et vendus au port. On ne pas non plus leurs enfants nés esclaves jusqu'en 1848, par simple application du code noir.

Et après avoir nié l'esprit, nié le corps, on va nier le crime.

Nous sommes 75 000 Africains en 1848. Combien sont revenus chez eux ? Aucun, ou très peu, ont pu retourner en Afrique. Pas de retour au continent ancestral, à la Terre-Mère.

Après avoir travaillé pendant 200 ans sans être payé, alors que nos litiges sont gérés par le Code noir, il ne faut pas prononcer le mot « béké ».

On nous reproche de juger avec des yeux d'aujourd'hui les faits d'hier.

La charte du Manden, « toute vie est une vie » et « tout tort causé à une vie exige réparation ». Nous le disions déjà à l'époque.

Après avoir nié l'esprit, puis le corps, razzié, génocidé, déporté, réduit en esclavage, commis des actes de torture et de barbarie, avec les békés de Martinique qui étaient les plus féroces, comme le fait de pendre mes parents, c'est eux qui sont à l'origine du code noir, et qui ont importé de Cuba une bande de chiens mangeurs d'hommes, on va nier le crime lui-même.

Ça c'est consubstantiel du crime. Tout crime contre l'Humanité, quand il est raconté par le bourreau, ressemble furieusement à une partie de chasse au lion racontée par le chasseur.

Le crime est parfait puisqu'il n'existe pas.

Aujourd'hui, le président Macron vient d'annoncer 300 millions pour les Harkis. Hollande avait versé 70 millions aux Juifs américains. Mais nous ? Nous n'avons rien ni personne. Et le crime continue d'être nié. Il n'y a pas d'auteur et pas de victime : donc pas de réparation, c'est logique !

La France continue par le déni du droit à réparation. Où a-t-on vu dans un tribunal qu'une personne est responsable, et n'a pas obligation de réparer le crime ? Dans quelle infraction criminelle on a vu ça ? Une victime, un auteur, pas de droit à réparation.

On va nous dire d'abord : on n'est pas devant le bon juge. L'esclavage était normé, codifié.

C'est l'action normale de l'État, donc c'est le tribunal administratif.

On va nous dire ensuite que ce n'est pas la bonne Loi pour réparer. La première partie de la réparation, c'est la réparation symbolique de la responsabilité de la France dans la déportation. La seconde partie qui doit venir, c'est de mettre ensuite en place l'ensemble des lois de réparations matérielles. Avec la Loi Taubira, on considère que la loi mémorielle répond à la question de la réparation symbolique. Pour ne pas discuter de la réparation matérielle, l'État nous dit « votre organisation ne représente qu'elle-même ». Nos élus ne sont pas nos élus, ce sont ceux de la République. Qui nous représente ? Nous n'avons que nous-mêmes.

L'État se revendique de la perfection du crime. Pas de victime, pas de crime.

Le crime est tellement parfait qu'on a détruit la possibilité pour les requérants de demander réparation. On a détruit leur généalogie. C'est un crime généalogique.

Et après vient la question de la prescription, cette prescription qui n'a jamais commencé à courir. Cette prescription n'existe que pour les propriétaires d'esclaves.

On a acheté mes parents et comme le petit de la vache, de la poule, je suis la propriété de l'État français. Mais moi je sais qui je suis, je sais d'où je viens et je sais où je vais. Et j'y vais avec eux, avec tous ceux qui n'ont pas pu entrer dans cette salle, mais qui sont là, dehors, et qui attendent de voir ce que vous allez répondre à Aimé Césaire quand il parle de société détruite, brisée. Vous répondrez à Fanon, à nos ancêtres. Mais de toute façon, c'est nous qui sommes détenteurs de la dignité et nous venons la déposer là devant vous.

La France est lente. Le jour où elle mettra en place un système de réparations alors cette prescription commencera à courir.

Nous venons ici demander réparation en vous disant que « toute vie est une vie ».

1.2 Le positionnement des juges français, l'orthodoxie du *sens communis*, Me Alain Manville

La procédure actuelle : est la reprise de la procédure engagée en 2005 introduite en 2014 en réaction au jugement du TGI qui déboutait les requérants.

Elle s'en différencie pourtant parce qu'entre temps est survenu un évènement particulier qui est venu changer la donne.

Au premier fondement de l'action réparation est venu s'ajouter un second, mise à nu par le juge français lui-même, mais sans venir modifier son positionnement de base.

C'est de ce positionnement, dont je voudrais dire quelques mots, car il vient, comme par une mauvaise ruse de l'histoire réitérer ce qu'a fait le décret d'abolition du 27 février 1948.

Affirmer quelque chose pour mieux le nier dans une logique dont le ressort dernier nous est apparu être une idéologie apparemment insoupçonnable chez les juges qui sont censés dire le droit indépendamment des intérêts terrestres et poser une vérité judiciaire qui puisse valoir pour tous.

Or comme pour le décret d'abolition, il sera affirmé un droit pour aussitôt l'invalider, ce droit à réparation dont les requérants poursuivent la reconnaissance par les juges et attendent la mise en application dans la condamnation de l'État français, l'un des premiers criminels dans la commission des deux crimes de la traite et de l'esclavage parmi les anciennes puissances négrières européennes, à réparer les conséquences dommageables de ses agissements criminels.

En effet, comme mes confrères vous le démontreront le juge français sur la question de la réparation agira comme le législateur de 1848 qui posait le principe de la réparation du crime pour aussitôt déclarer qu'il n'est pas pour ceux à qui il s'adressait nécessairement.

Le décret d'abolition de 1948 a posé dans l'ordre juridique français le principe de la réparation du crime, celui de la traite négrière et de la réduction des nègres en esclavage, soit la déportation massive des Africains vers les camps de concentration qu'ont été en réalité les habitations et les plantations qui ont fait la société des colonies où le nègre s'est vu réduit à un meuble.

Mais dans le même temps, en même temps comme on dit aujourd'hui, il pose l'interdiction de la mise en œuvre de ce principe en réparant les criminels et non les victimes du crime.

Le décret de 1849 sur la réparation des propriétaires d'esclave est l'annonce faite aux anciens esclaves nouvellement affranchis que la réparation n'est pas pour eux et que l'attentat à leur dignité, la dignité humaine, n'est in fine qu'un outrage comme on pourra le dire plus tard, un outrage fait par la France esclavagiste à la France abolitionniste.

Exit les victimes, hommes, femmes, enfants par millions qui finiront morts au bord des traces ouvertes dans la forêt par les razzias ou assassinés pour avoir résisté à ces dernières, ou simplement morts dans les barracons, ou lors du passage du milieu où ils étaient jetés à la mer, le plus grand cimetière du monde selon le mot d'Aimé Césaire, ou qui, pour finir, survivront à l'épreuve de la grande déportation pour vivre ou mourir dans les camps de concentration de la société coloniale.

Le crime efface de soi les victimes et les dissous dans le leurre de la grande réconciliation qu'ouvre la République à ses/ces nouveaux citoyens

Oubliez, oubliez, devenez ce que vous pouvez devenir, les nouveaux citoyens de cette république généreuse qui vous accueille et vous donne une liberté égale à celle de ses citoyens par nature.

Vous l'êtes devenu par l'histoire, mais oubliez cette histoire où vous n'étiez rien, que meuble ou chose disponible au bon vouloir du Blanc.

Réduction qui équivalait, non seulement, comme le déclare ledit décret d'abolition de 1848, à un attentat à la dignité humaine, mais une négation de l'humanité du nègre, renvoyé au statut d'une chose exploitable à merci, *pure res extensa* comme pourra l'écrire un auteur ayant réfléchi sur la nature de notre civilisation, je veux dire la civilisation occidentale, portée par un suprématisme blanc qui œuvre jusqu'en les plus hautes sphères de l'intellectualité dont le rendu de la justice fait partie.

Il y a, en effet, derrière les décisions de justice que le juge français a pu rendre sur la question de la réparation la marque de ce suprématisme blanc, non pas celui primaire et primitif qui renvoie le nègre à une sous-race de l'humanité ou même à son animalité primitive, mais celui, supérieur qui continue de ne reconnaître au nègre qu'un statut d'infériorité dans une hiérarchisation ontologique des êtres qui trouve ici son expression juridique, comme elle a pu le faire officiellement avec l'apartheid que l'occident a toléré pendant des décennies en Afrique du Sud, donc en Afrique, le lieu originaire de la commission du crime.

Je parle du positionnement du juge français c'est-à-dire de l'institution judiciaire française qui s'est mobilisée dans un parti pris dont nous espérons que vous prendrez la mesure et dont vous vous déprendrez, vous, Cour d'appel de céans, pour faire droit au droit et enfin prononcer la condamnation de l'État français.

Cette condamnation est inéluctable, elle est l'avenir de votre institution que vous le vouliez ou non comme un destin indépassable qui conduira un jour à ce que les juges ne puissent plus se refuser à une évidence et à une nécessité.

L'évidence c'est qu'en ne condamnant pas un criminel on laisse le crime se perpétuer.

Une nécessité, c'est que les rapports du monde sont en train de changer et que la domination sans frein de « l'Occident » sur le monde est sur le déclin et qu'aujourd'hui les anciens damnés de la terre sont en train de se libérer de cette domination et qu'ils feront de la question de la réparation des crimes commis par l'occident pendant plus de 5 siècles la question « épochale » du XXIe siècle.

Mes paroles répondent à la brutalité qui est faite aux millions de victimes des deux crimes et à leurs ayants droit d'aujourd'hui, une violence dont la conscience occidentale articulée sur la « weltanschauung », la représentation du monde que l'Occident nous a imposée à tous rend difficilement perceptible, même à la majorité de ceux qui sont le plus concernés, les héritiers/descendants des victimes des deux crimes qui commencent seulement à prendre clairement conscience de la chose.

L'empêchement d'agir auquel s'est fait l'écho votre cour dans son arrêt de 2017 était avant tout un empêchement de penser, une impossibilité de concevoir l'inconcevable possibilité de faire condamner l'État à réparer ses crimes

Vous avez là une preuve directe, matérielle et objective de la poursuite de l'empêchement d'agir jusqu'à aujourd'hui, plus de 20 ans après l'édiction de la loi Taubira, après plus de 20 ans de prétendues commémorations faites du crime, aujourd'hui même, à 9 h 30 le 11 octobre 2021 où nous faisons notre prise de parole devant vous.

La preuve, cette preuve que votre cour en 2017 nous a reproché de ne pas avoir rapporté sans pourtant nous avoir donné au préalable la possibilité de le faire, cette preuve qui sera peut-être pour vous ce qui devrait vous conduire à changer le positionnement du juge français, c'est le nombre « in-considérable », je choisis ce terme incongru à dessein, ce nombre réduit à l'extrême les requérants, moins d'une centaine sur une question qui concerne aujourd'hui des millions d'hommes et de femmes membres de la diaspora des afrodescendants, ayants droit des déportés et des mis en esclavage.

Pour éviter les procès d'intention et les tentatives de discréditer le point de vue qui sera le nôtre, à nous avocats, porte-parole de ces oubliés à qui on refuse toujours de donner voix, je voudrais vous citez cette phrase d'un philosophe qui résume notre situation d'aujourd'hui.

Il s'agit de Gérard Mairet qui pouvait dire l'essence épochale de l'occident et de sa nature criminelle :

Poursuivant sa réflexion sur l'essence historiale de la civilisation de l'homme européen, Gérard Mairet met en évidence les deux rapports exclusifs que l'européen entretient à l'autre soit l'extermination, la suppression physique de l'autre soit la colonisation (le dressage mental) de l'autre.

> La construction historiale du peuple (soit en d'autres **termes l'avènement du monde occidental et sa domination mortifère sur le monde**, son avènement comme corps vivant de l'esprit, **requiert de l'animal originaire (l'homme non blanc) qu'il soit relevé de son État naturel donné, une opération qui ne connaît que deux voies possibles : ou bien l'éducation à l'esprit du monde ou bien l'exclusion du monde de l'esprit, autrement dit l'extermination. Éducation (dressage) ou extermination** sont donc les termes de l'alternative de *« l'historial moderne considéré du point de vue de la fondation des peuples et l'avènement des nations telles que l'Europe des temps modernes les a engendrées au cours de son processus appelé histoire ».*[6]

---

[6] Mairet, Gérard. *La fable du monde : enquête philosophique sur la liberté de notre temps*. Gallimard, 2005, 146.

Cela vous dit, M. le Premier Président et Mesdames de la cour, que nos plaidoiries ne parleront pas de vous, que nous ne sommes pas plus les évangélistes d'un séparatisme et les zélotes d'une concurrence des mémoires.

Nous sommes avocats, des gens de droit, des producteurs de droit, qui ne réclament que le droit, le respect du droit au droit, et ce procès n'est pas le procès des juges, mais de l'ensemble d'une société dont le caractère ontologique dernier est profondément mortifère.

Cette société est celle fondée sur le mépris fondamental de l'être humain, système où une partie de l'humanité a mis l'autre sous sa domination et a instauré une hiérarchie entre les hommes, qui continue d'agir même derrière les déclarations d'égalité, de liberté et de fraternité dont se prévaut la république.

L'histoire attend votre décision et jugera de votre jugement.

J'en reviens à mon propos que je n'ai pas quitté, le positionnement du juge français jusqu'à aujourd'hui.

En 2005 contre la doxa dominante le M.I.R et le Conseil Mondial de la Diaspora Panafricaine ont assigné l'État français sur la base de la loi Taubira pour obtenir la condamnation de ce dernier à réparer le crime.

Les demandes visaient une provision de 200 milliards d'euros et une expertise à financer par l'État et à conduire par un collège d'experts.

Cette procédure visait à rendre justice aux millions d'hommes et de femmes qui ont été déportés et réduits en esclavage par la France, puissance négrière majeure de l'Europe qui pendant plus de deux siècles a commis les deux crimes de la traite et de l'esclavage.

Cette procédure en rupture avec ce qui semblait être l'évidence venait pourtant poser une équation simple :

Il y avait un crime.
Des victimes.
Des préjudices.
Donc nécessairement un droit à réparation.

Et ce crime avait été défini comme crime contre l'humanité impliquant que désormais aucune prescription n'était alors plus raisonnablement opposable à une action en justice.

Les nations dites civilisées avaient à ce titre condamné les crimes nazis et fini par être contraintes à réparer leurs victimes pour l'essentiel les juifs (bien que les juifs n'avaient pas été les seules victimes de la folie nazie : tzigane, homosexuels et autres considérés comme sous-races).

Les juges saisis ont décidé de débouter les requérants faisant droit aux objections développées par l'État.

Celui-ci prétendait que :

– les requérants étaient prescrits à agir en leur qualité d'ayant droit puisque les faits dataient de plus d'un siècle et demi, l'abolition ayant prétendument mis fin au crime.

– et qu'à titre personnel ils n'auraient pas eu qualité à agir puisqu'aucun lien n'existait en réalité selon les juges entre les faits dénoncés et les possibles préjudices propres allégués.

Pour parvenir à ce résultat, le juge français allait adopter un positionnement particulier dont l'analyse renvoie in fine à un système de pensée ancré dans l'idéologie suprématiste blanche qui marque le mode de représentation du monde que s'est constituée l'occident.

Ce refus de faire droit à la réparation des deux crimes s'enracine, comme je vous l'ai déjà annoncé, dans cette pensée dominante que l'occident a imposé au monde avec sa volonté prédatrice d'être maître et possesseur du monde depuis la fin du 15e siècle et la découverte des Amériques.

Les décisions de justice qui ont été rendues jusqu'à ce jour par le juge français relèvent donc d'une idéologie et non d'une application stricte du droit, idéologie qui a revêtu l'apparence du strict respect de la règle de droit, mais qui en vérité repose sur sa torsion, sa dénaturation et le déni de justice.

En effet, ce n'est que par l'artifice de différentes jurisprudences dont les principales sont les décisions de la Cour suprême que le juge français est parvenu à justifier son refus de faire droit aux demandes légitimes et fondées en droit de la réparation.

Ces décisions de justice qui en définitive n'en sont pas et relèvent plus de la politique que du droit s'inscrivent dans le cadre d'une pensée qui est celle dominante de la société et qui fait toujours la doxa de la cité juridique.

Elles sont l'effet d'une discrimination dont sont victimes les requérants en raison de leur origine, celle de l'autre monde celui des damnés de la terre, maintenant ainsi le statut d'affranchi que la république leur a octroyé lors de l'abolition de 1848.

Une historienne du *process* de l'abolition pouvait ainsi désigner le leurre d'une libération qui en réalité a laissé l'homme noir, ancien nègre réduit en esclavage dans son statut d'infériorité ontologique et juridique.

Son livre intitulé *Abolir l'esclavage. Une utopie coloniale, les ambiguïtés d'une politique humanitaire*, posait la question.

L'esclavage a-t-il été vraiment aboli ? question reprise dans le titre d'un livre de Nelly Schmidt qui pouvait écrire :

1848 : une nouvelle politique coloniale est mise en œuvre dans l'euphorie républicaine. La France abolit l'esclavage pour la seconde fois de son histoire et ouvre aux esclaves l'accès à la citoyenneté en Guadeloupe, en Martinique et en Guyane. Pourtant, un siècle plus tard, le constat du désastre social et économique jalonne les rapports des observateurs. Le sort des « nouveaux libres » n'a rien à envier à leur statut précédent.

Alors que s'est-il passé ?

La présence toujours maintenue du code noir dans le corpus juridique du droit français est peut-être l'indice de la réponse à donner à cette question.

Les décisions du juge français rapportées à leur fondement caché relèvent donc de ce que Georges Mairet dans son livre *La fable du monde, enquêtes philosophiques sur la liberté de notre temps* identifiait comme la marque de la civilisation occidentale :

> La morale des États modernes commence et se consolide *avec le projet des Européens d'user leur domination sur l'étendue sauvage de l'Orbis et de faire de l'étendue ainsi découverte et des populations qui y vivent, le territoire de leur souveraineté.* Ce faisant, ils transfigurent l'Ordi en monde et fondent la moralité des temps modernes. *Ce qu'on appelle civilisation est ce processus de moralisation de l'étendue, le passage de la Wilderness au monde, la transformation du sauvage en civilisé, de la peuplade en peuple*. La Wilderness, étendue sauvage et déserte n'est point sans habitant ; au contraire elle est habitée, mais *pour les conquérants, les peuples qui y vivent sont eux-mêmes élément de la Wilderness, ils ne sont qu'une modalité de la res extensa*. La philosophie des modernes en décrivant leur condition comme étant celle de la vie à l'état de nature produit le concept de l'aborigène considérée du point de vue de l'Europe civilisée [7].

Cette *Wilderness* que l'homme occidental a eu le projet de civiliser et qui a pu faire l'objet de l'utopie des Lumières

[7] Mairet, Gérard. *La fable du monde: enquête philosophique sur la liberté de notre temps*.146.

a été abandonnée à la violence destructrice et prédatrice de l'Occident.

Le bon sauvage n'était en réalité que la figure inversée de l'homme que l'on pouvait dominer, exploiter, humilier, parce qu'en dernière instance, il n'appartenait pas à l'humanité des hommes comme en témoigne la portée réelle de la déclaration des droits de l'homme de 1789 proclamée par l'une des premières puissances négrières sans que la conscience des constituants n'en soit aucunement affectée.

Ladite déclaration laissait les nègres hors de son champ et les abandonnait à leur sort et statut d'hommes chosifiés.

Après l'expérience effroyable qu'a été le nazisme et son projet d'extermination de tous ceux qui avaient été répertoriés comme sous-race et sous humain, et la deuxième déclaration universelle des droits de l'homme de 1948, la donne avait changé, et le discours et les positionnements du passé devenus intenables ;

Il devenait nécessaire à l'ordre même du monde que cette partie du monde humain déclassée en cette *res extensa*, prolongement d'une nature offerte à la jouissance de l'homme blanc soit reconnue, à tout le moins formellement, comme l'égal en droit et en nature de l'homme blanc.

Par-delà la Déclaration universelle des droits de l'homme, les indigènes, les sous-hommes de l'Occident ont revendiqué leur appartenance pleine et entière à l'humanité et refusé la relégation à laquelle les avaient condamnés plus de quatre siècles de suprématie blanche.

Les anciennes puissances criminelles devenues prétendument incarnation des valeurs de la civilisation n'ont cependant pas entendu réparer leur crime.

Le refus de réparer les victimes de la déportation et de la réduction en esclavage et leurs ayants droit est le résultat de ce positionnement inconscient qui fait le fond de la pensée occidentale et de sa civilisation.

Après l'abolition rien n'a changé pour le nègre affranchi et pendant plus de 150 ans le droit va maintenir le nègre dans l'incapacité d'agir pour faire valoir ses droits à la réparation du crime qu'il a subi.

La loi Taubira en venant reconnaître les deux crimes de la traite et de l'esclavage comme crimes contre l'humanité va révolutionner la situation juridique qui jusqu'alors prévalait soit :

L'impossibilité d'agir, juridiquement, pour obtenir la réparation des conséquences dommageables des deux crimes, comme les juifs avaient pu l'obtenir, de haute lutte, pour les crimes commis par les puissances de l'AXE au nom de la supériorité de l'homme aryen.

L'horreur de la solution finale qui avait couronné les crimes nazis pouvait enfin s'étendre au sort qui avait été réservé aux nègres par l'homme blanc pendant près de 4 siècles puisque cette histoire tragique commence par une bulle papale de 1455, la bulle ***Romanus Pontifex*** promulguée le 8 janvier14554 par le pape Nicolas V, qui confirme au Roi Alphonse V du Portugal son droit à dominer toutes les terres au sud du cap Boujdour en Afrique et, en lui concédant l'exclusivité du commerce, de la colonisation et de l'esclavage en Afrique.

Dans les balances de l'histoire contemporaine restait donc le sort des victimes du crime de la traite et de l'esclavage ; en regard de cette nouvelle reconnaissance, qui disait enfin la vraie nature des deux crimes de la traite et de l'esclavage, crimes qui avaient été en réalité le précurseur, de la déportation massive d'humains, des camps de concentration et de la négation absolue de l'humanité.

Aimé Césaire et Anna Arendt le rappelaient pertinemment pour tous ceux qui porteur de l'idéologie suprématisme continue de hiérarchiser jusque dans la qualification et l'échelle des crimes.

M. Hollande, premier magistrat de France et incarnation nationale de l'institution judiciaire en a été l'un des auteurs.

La loi Taubira intervenait enfin comme le moyen de mettre un terme à cette situation discriminatoire qui laissait de côté la question de la réparation des crimes soufferts par les victimes de la traite et de l'esclavage.

Pour s'opposer à l'action des requérants, le juge français va déployer tout au long de ces 17 ans de procédure un certain nombre de moyens pour faire obstacle au droit à la réparation.

Abandonnant sa toge, il va se faire l'avocat des intérêts de l'État prenant parti contre les requérants et se défaisant de son obligation première et impérative d'être un juge objectif, neutre, impartial et indépendant jouant des règles de droit et des catégories juridiques.

Le droit sera mis à la question comme l'hérétique lors de l'inquisition. Il faut lui faire dire coûte que coûte ce qu'on veut entendre, l'aveu forcé que la réparation n'est pas à l'ordre du jour, n'est pas et ne peut être l'objet d'une réponse judiciaire.

On torturera le sujet jusqu'à ce qu'il se rende aux raisons de son bourreau.

Non, la réparation n'a rien à chercher du côté du droit et de la justice.

Les juges seront l'officiant de cette mise en souffrance du droit avec une volonté constante d'édifier une véritable muraille de Chien entre les requérants et le droit qu'il revendique.

Il faut inscrire dans les consciences, réparation judiciaire du crime = cul-de-sac, impasse, voie sans issue.

Pour parvenir à ces fins, tous les moyens seront justifiés jusqu'à l'apostasie de ce qu'on avait jugé le jour d'avant comme le fera la Cour suprême au sujet de l'imprescriptibilité du crime contre l'humanité.

Le juge français fera montre d'une maltraitance rare du droit qui a frisé en permanence le déni de justice et l'incohérence théorique.

Je rappelle ici pour mémoire ce que la Cour de cassation avait jugé du crime contre l'humanité, notamment dans le procès Barbie et ce quelle dira du même crime quand ce sera la France qui sera l'auteur dudit crime.

> La loi française a constaté que les crimes contre l'humanité dont la définition, à laquelle elle se réfère expressément, a été très exactement précisée par le statut du tribunal international, quelle que soit l'interprétation qui a pu en être donnée, sont imprescriptibles. (Cour de Cassation, Chambre criminelle, du 20 décembre 1985, 85-95.166, publié au bulletin).

> Attendu qu'il résulte de l'arrêt attaqué, que l'information ouverte le 12 février 1982 contre Barbie, du chef de crimes contre l'humanité, porte sur des faits commis en 1943 et 1944 ; attendu que, la chambre d'accusation, qui s'est à bon droit reconnue compétente pour *répondre aux conclusions de l'inculpe reprises au moyen et selon lesquelles ces faits étaient couverts par la prescription décennale à la date de mise en mouvement de l'action publique,* relève que la loi du 26 décembre 1964, sur le fondement de laquelle sont exercées les poursuites, contient une référence précise à ***la charte du tribunal « international, jointe en annexe à l'accord de Londres du 8 aout 1945 », lui-même intègre à l'ordre juridique interne, et que la portée de cette loi « procède nécessairement du texte international sur lequel elle s'articule expressément »*** ; que l'arrêt se conformant à *l'interprétation donnée officiellement de l'accord de Londres le 15 juin 1979 par le ministre des affaires étrangères,* consulte à l'occasion d'une autre procédure, mais, dont l'avis, s'agissant de questions touchant l'ordre public international, ***revêt une portée générale et s'impose à l'autorité judiciaire constate que « le seul principe en matière de prescription des crimes contre l'humanité qu'on peut considérer comme se déduisant du statut du tribunal militaire international est le***

principe d'imprescriptibilité » ; qu'après avoir énoncé sans erreur que, au sens de l'article 60 de la convention européenne de sauvegarde des droits de l'homme et des libertés fondamentales, « le droit à l'acquisition de la prescription » ne saurait constituer un droit de l'homme ou une liberté fondamentale, les juges se sont référés à juste titre à l'article 7 paragraphe 2 de ladite convention, ainsi qu'à l'article 15 paragraphe 2 du pacte international relatif aux droits civils et politiques ; *qu'il ne résulte, en effet, de ces textes ni dérogation ni restriction à la règle de l'imprescriptibilité, applicable aux crimes contre l'humanité en vertu des principes de droit reconnus par l'ensemble des nations ;* qu'ainsi, selon l'arrêt, la loi du 26 décembre 1964, en « constatant ***l'imprescriptibilité des crimes contre l'humanité », s'est bornée à confirmer qu'était déjà acquise en droit interne, par l'effet des accords internationaux auxquels la France avait adhéré,*** l'intégration « à la fois de l'incrimination dont s'agit et de l'imprescriptibilité de ces faits » ; attendu qu'en l'état de ces motifs, dont elle a déduit que la prescription de l'action publique ne pouvait avoir bénéficié au demandeur***, en raison de la nature des crimes dont il est inculpé, quelle que soit la date à laquelle ils ont pu être commis,*** la chambre d'accusation a fait *l'exacte application de la loi ;* que, dès lors, le moyen propose doit être écarté [...](Cour de Cassation Chambre criminelle Audience publique du 26 janvier 1984, REJET N° de pourvoi : 83-94425 Affaire Barbie)

Dans l'affaire Aussaresses, la Cour de cassation par pur opportunisme aux seules fins de protéger l'État français contre les possibles poursuites pour les crimes contre l'humanité commis par lui durant toute la période coloniale opèrera un revirement total de jurisprudence en décidant :

Attendu qu'il résulte de l'arrêt attaqué et des pièces de la procédure que le Mouvement contre le Racisme et pour l'Amitié entre les Peuples (M.R.A.P) a porté plainte et s'est constitué partie civile contre personne non dénommée pour crimes contre l'humanité, à raison des tortures et exécutions sommaires que, dans un livre publié le 3 mai 2001, le général Paul Aussaresses révélait avoir pratiquées ou ordonné de pratiquer sur la population civile, en Algérie entre 1955 et 1957, alors qu'il était officier de renseignements au service de l'armée française.

Attendu que, pour confirmer l'ordonnance entreprise, la chambre de l'instruction retient par les motifs repris au moyen que, ne pouvant être poursuivis sous la qualification de crimes contre l'humanité, les faits dénoncés entrent dans les prévisions de la loi n° 68-697, en date du 31 juillet 1968, portant amnistie ;

Attendu qu'en prononçant ainsi, les juges ont justifié leur décision :

que (...)*les dispositions de la loi du 26 décembre 1964 et celles du statut du tribunal militaire international de Nuremberg, annexé à l'accord de Londres du 8 aout 1945,* ***ne concernent que les faits commis pour le compte des pays européens de l'Axe ;***

Que, par ailleurs, les principes de légalité des délits et des peines et de non-rétroactivité de la loi pénale plus sévère, énoncés par les articles 8 de la Déclaration des droits de l'homme et du citoyen, 7-1 de la Convention européenne des droits de l'homme, 15-1 du Pacte international relatif aux droits civils et politiques, 111-3 et 112-1 du Code pénal, ***font obstacle à ce que les articles 211-1 à 212-3 de ce Code réprimant les crimes contre l'humanité s'appliquent aux faits commis avant la date de leur entrée en vigueur, le 1er mars 1994 ;***

Qu'enfin, la coutume internationale ne saurait pallier l'absence de texte incriminant, sous la qualification de crimes contre l'humanité, les faits dénoncés par la partie civile *[...]*

D'où il suit que le moyen doit être écarté.

(Cour de Cassation, Chambre criminelle, du 17 juin 2003, 02-80.719, publié au bulletin).

La Cour de cassation est prise ici en flagrant délit de parjure et de déni de justice venant contredire ce qu'elle avait jugé dix ans auparavant de façon apodictique déduisant, conformément à la logique du droit, l'imprescriptibilité et la rétroactivité intrinsèque des crimes contre l'humanité.

Cette violence faite au droit sera la constante de l'action de la Cour suprême pour faire échec aux demandes des requérants, violence à laquelle les juges du fond feront fidèlement relais ;

Il n'est pas possible de faire ici, dans le cadre de la présente plaidoirie, l'exposé exhaustif de toutes les distorsions, et violences que le juge français fera au droit pour parvenir aux décisions de débouté auxquelles il condamnera l'action des ayants droit des victimes des deux crimes, et nous n'en donnerons que quelques échantillons.

Sur la voie de fait

Dans le débat qui oppose pendant trois ans les requérants et l'État sur la question du juge compétent, le juge tranchera finalement en faisant droit à la compétence judiciaire contre celle administrative revendiquée par l'État, mais en prenant soin de disqualifier la thèse des requérants sur la voie de fait en opposant une prétendue légalité du crime.

Par un forçage de l'histoire, il oubliera que l'introduction du Code Noir supposé donner légalité au crime et exclure la catégorie juridique de la voie de fait est le résultat d'un coup de force du souverain ordonnant illégalement la mise en œuvre d'un texte dépourvu de portée normative faute d'avoir été enregistré par le parlement de Paris conformément au droit de l'ancien régime et de la coutume de Paris en vigueur dans les territoires du royaume de France d'outre-mer, les colonies.

Sur la prescription

Dans son rapport, M. le premier président rappelait que la question centrale de la procédure était la question de l'imprescriptibilité du crime.

En effet, comment justifier une action intervenant plus de 150 ans après la fin supposée du crime ?

C'est du passé, cela appartiendrait à une préhistoire dont les contemporains se sont défaits.

Nous ne sommes plus à l'ère des chasseurs-cueilleurs, mais au temps de la modernité accomplie.

Alors que voulez-vous, c'est prescrit, c'est ainsi et l'on n'y peut rien.

Le juge reprendra alors la thèse de l'État sur la prescription du droit commun, pour un crime relevant cependant d'un régime de prescription d'exception puisque défini comme crime contre l'humanité et renvoyant tout d'abord au droit des gens puis au droit international qui en pose le caractère d'imprescriptibilité par nature.

Il faut s'arrêter ici sur le rôle que la Cour de cassation a joué dans l'évolution du contentieux.

Mandatée par l'État pour faire la guerre aux requérants, elle a déployé toutes ses ressources, même si à l'analyse celles-ci ont la pauvreté du cœur du Sahel africain, pour faire obstacle aux demandes des requérants ;

Elle mobilisera sa jurisprudence raciste et discriminatoire des années 90 sur les crimes coloniaux commis par la France en inventant une prescriptibilité du crime contre l'humanité quand les victimes sont les damnés de la Terre. Pour eux par l'effet d'un tour de magie le crime imprescriptible est frappé de prescriptibilité aussi soudaine qu'impensable.

La doctrine qui n'a pas été dupe de l'opération coup d'État de la Cour de cassation a tu ce qu'elle pensait en son for intérieur.

Il s'agit là d'une aberration juridique et d'une escroquerie intellectuelle que le Code pénal dénonce comme escroquerie au jugement.

La Cour suprême reprendra cette méthode de violeur avec la question du statut de la loi Taubira, à qui elle fera subir tous les outrages.

Après toutes les commémorations mises en œuvre par l'État lui-même, la loi Taubira serait sans portée normative

Il s'agirait d'une loi mémorielle.

Sur l'absence de portée normative de la loi Taubira

Pour ce qui est de la loi Taubira, fondement juridique de l'action en réparation contre l'État, le juge du fond se référera à la jurisprudence élaborée par la Cour de cassation en février 2013 avec pour seule finalité de miner la procédure en cours devant le TGI de Fort-de-France.

En effet, si l'action engagée en 2005 avait été perçue par l'opinion publique comme une mauvaise plaisanterie conduite par des juristes de pacotille, l'État français après 3 ans de procédure a réalisé le sérieux de ce procès qu'il avait considéré au départ comme devant rapidement fait pschitt devant les juridictions.

Constatant le sérieux de sa mise en cause l'État a fait appel au juge de la Cour suprême afin de saborder la loi Taubira en lui ôtant arbitrairement et en violation de la loi, sa portée normative.

À ce qui est un véritable coup d'État, répondra la mise en cause des juges auteurs de cette jurisprudence devant le tribunal correctionnel pour incitation à la haine raciale et discrimination, procédure qui s'est perdue dans les sables mouvants d'une décision d'irrecevabilité sans que jamais aucune procédure pour dénonciation calomnieuse n'ait été mise en branle contre les auteurs de cet outrage à magistrat.

La Cour de cassation pour masquer le viol qu'elle a commis contre la loi Taubira s'opposera à la transmission de QPC au Conseil constitutionnel, seul compétent pour déclarer une loi anticonstitutionnelle, avec des moyens qui ferait pleurer de honte un étudiant en droit de première année.

Tout cela vous sera exposé par mes confrères.

Avec l'arrêt de votre cour en décembre 2017, la donne change même si la presse mésinterprète volontairement ou involontairement le sens de cet arrêt se pliant à la doxa toujours dominante selon laquelle la question de la réparation n'est pas une question juridique.

Sur l'arrêt de 2017

Dans cette opposition de principe et apriorique du juge français au principe de la réparation, l'arrêt de la cour d'appel de Fort de France du 19 décembre 2017 fait exception.

Bien que reprenant les thèses hérétiques et idéologiques de la Cour de cassation sur la prescription du crime contre l'humanité lorsqu'il s'agit des nègres (puisque compris comme des humains n'appartenant pas vraiment au cercle des vrais humains par l'exclusion du droit à réparation posé par la constitution comme droit impératif et indépassable au titre des droits de l'homme), ainsi que pour partie la position de l'État sur l'exclusion du principe de réparation de la loi en regard des débats parlementaires, la cour d'appel de Fort-de-France en 2017, peut être soucieuse de réserver aux victimes des deux crimes l'existence d'un droit de créance contre l'État, auteur du crime, a ouvert un second front pour les requérants.

La décision du TGI de Fort-de-France d'avril 2014 mettait fin à la procédure engagée en 2005.

La prescription faisait son œuvre de guillotine pour les demandes de réparations.
Cette décision a donné lieu à un appel qui a conduit à l'arrêt de la cour d'appel de Fort-de-France du 19 décembre 2017.
Cet arrêt rendu par votre cour a modifié la donne du procès pour la réparation.
En effet, cet arrêt intervient dans le procès de la réparation comme une véritable rupture.
Pour les juristes et l'ensemble de la doctrine la voie judiciaire pour obtenir réparation avait été dénoncée depuis longtemps comme une voie cul-de-sac conduisant nécessairement à l'échec.
Comme déjà indiqué, la question de la réparation des deux crimes n'était pas et ne pouvait être une question juridique, mais une question politique ou morale.
Antoine Garapon, un des théoriciens négationnistes de la réparation des crimes dits du passé exposait cette thèse de la façon suivante :

> L'administration de la justice qui doit appliquer le droit se voit confier une mission qui excède les capacités du droit, au risque de rendre les fictions juridiques encore plus artificielles [...]. Il n'est pas possible de s'en rapporter à une stricte application du droit qui aboutirait à un résultat scandaleux. Mais s'émanciper du droit positif est une démarche périlleuse (...)[8]

Selon l'analyse d' Antoine Garapon, ce serait là la limite dernière du projet de ce qu'il appelle. « La réparation judiciaire de l'histoire », fantasme qui lui est propre et ne fait aucunement le fond de la démarche des requérants. Antoine Garapon écrit ainsi :

---

[8]Garapon, Antoine. *Peut-on réparer l'histoire ? Colonisation, esclavage, Shoah*. Odile Jacob, 2008, 25-56.

Cette tension entre un droit ainsi invoqué, mais immédiatement dépassé, entre une justice convoquée pour remplir une mission qui excède ses compétences, constitue le nœud problématique du projet de réparation judiciaire de l'histoire qui, finalement, ne pourra être dénoué que par la politique.[9]

Mais la réparation n'est pas celle de l'histoire qui, comme l'a relevé Hegel, ne connaît que l'avènement de la raison et ne souffre d'aucun mal. L'Histoire ne réclame d'ailleurs pas réparation devant un tribunal.

Le crime ne concerne pas un sujet doué d'un pathos à qui on pourrait faire violence et dont le nom serait histoire ;

Le crime concerne des hommes, femmes, enfants de chair et d'os, des êtres vivants que l'on a condamnés à la mort pour raison de couleur de peau.

Le crime concerne le cœur de l'homme et son humanité assassinés au nom des intérêts supérieurs de l'homme blanc, missionné par dieu pour civiliser le monde, cet *Orbis* et cette *Wildernis* que l'occident s'est mis en tête (Descartes définit l'ego propre de cette pensée avec le mot d'ordre se rendre maître et possesseur de la nature) de soumettre à sa volonté de puissance.

Alors quel sens cela a-t -il de dire que ces crimes commis contre des êtres humains sont irréparables ?

Les idéologues du négationnisme de la réparation oublient que priver l'homme de son droit à réparation le renvoie au statut de bête.

On indemnise la souffrance infligée à un animal non pas en réparant ce dernier, mais son maître.

Par ailleurs, l'idée commune que le crime était irréparable faisait sens commun et pour certains même, une telle demande relevait d'une forme d'immoralité.

---

[9]Garapon, Antoine. *Peut-on réparer l'histoire ? Colonisation, esclavage, Shoah,* 50.

L'arrivée de la loi Taubira dans le paysage juridique n'avait pas pour ceux qui pratiquaient le négationnisme de la réparation changé la donne et les deux crimes restaient irréparables.

Non pas pour des raisons uniquement juridiques, mais métaphysiques d'une métaphysique religieuse mêlant une mystique de l'intérêt général et de l'immoralité intrinsèque de la réparation.

Bien que la Cour d'appel de Fort-de-France se soit soumise pour partie aux jurisprudences de la Cour de cassation pour invalider la loi Taubira comme fondement de l'action, elle refusait de se plier au coup d'État rabaissant la loi Taubira à une coquille vide et déclarait qu'il existait cependant un principe juridique de réparation dans le décret d'abolition lui-même qui déclarait que « l'esclavage était un attentat à la dignité humaine ».

Dès lors, un second front s'ouvrait aux requérants pour faire valoir un droit à la réparation que le juge français par la voie de la Cour suprême avait décidé d'interdire même au prix du déni de justice, du viol de la loi et de la torsion violente des règles de droit.

Au terme d'un long parcours de plus de 12 années, il était enfin reconnu juridiquement que l'action entreprise en 2005 ne relevait pas d'une folie ou d'une méconnaissance profonde des réalités du droit, mais de la logique et du bon traitement de la règle de droit.

En effet, la cour reconnaissait en 2017 :

> – qu'il existait une créance sur l'État français au titre de la réparation des deux crimes
> – que cette créance dont l'existence juridique ne pouvait être contestée puisqu'enracinée dans un décret-loi ouvrait une voie judiciaire à sa consécration
> – que cette voie judiciaire, loin d'être impraticable et fermée restait ouverte sans que l'on puisse en l'état affirmer qu'il y aurait prescription.

Ainsi contrairement à ce que la grande majorité des juristes ont bien voulu interpréter, s'arrêtant aveuglément sur le seul débouté, l'arrêt du 19 décembre 2017 n'est pas un arrêt décrétant la prescription de l'action en réparation venant ainsi clore un contentieux datant de plus de dix ans de discussion.

L'arrêt du 19 décembre 2017 affirme le contraire, laissant en suspens la question d'une acquisition ou d'une absence de prescription, suspension dont la levée a pour condition la production d'une preuve : celle de la poursuite de l'empêchement d'agir des ayants droit des victimes après 1948 ou celle de la cessation de cet empêchement d'agir après ce siècle de délai.

Cet arrêt rendu par votre cour a été confirmé par la Cour suprême.

Il fait jurisprudence et vient donc pour les requérants qui vous ont saisis constater l'existence d'un second principe de réparation à côté de celui que pose la loi TAUBIRA.

Ainsi vous avez à juger de deux questions distinctes qui renvoient à deux principes de réparation qui permettent aux requérants de réclamer la condamnation de l'État.

Au terme de ce chemin, il apparait , en effet, que votre cour, quand bien même elle refuserait de rétablir la loi Taubira et de lui restituer sa qualité de loi normative, aura pour objet essentiel de constater que la prescription qu'elle a retenue dans sa décision de décembre 2017 est affectée d'une erreur de droit et que, contrairement à ce qu'elle a pu juger en 2017, aucune prescription n'est légitimement opposable à l'action des requérants.

Sur la base de ce constat, votre cour devra faire droit aux demandes des requérants, ordonner l'expertise réclamée au nom du devoir de mémoire jusqu'ici bafoué par les diverses commémorations que l'État a organisé et condamner l'État français à la provision sur l'indemnisation que les deux collèges d'experts travailleront à déterminer.

La loi Taubira constitue bien, à côté du principe posé par le décret de 1848 un fondement juridique incontestable au droit actuel de réparation des deux crimes.

La Cour européenne des droits de l'homme qui a été saisie des violations de la convention par les décisions de la cour d'appel de décembre 2017 et de la Cour de cassation d'avril 2019 confirmera ce droit, puisqu'elle a reconnu, peu après sa saisine, en novembre 2019 la recevabilité des deux recours introduits devant elle contre les deux décisions rendues par la Justice française.

Mes confrères vous exposeront concrètement pourquoi l'État français a perdu ce procès, et devrait se voir condamné par votre cour en conformité aux règles de droit qui doivent s'appliquer et en tout état de cause en accord et conformité avec ce que vous avez déjà jugé.

Puisqu'il me faut conclure, je rappellerai seulement qu'au terme d'une bataille juridique de plus de 17 ans, les victimes des deux crimes et leurs ayants droit ont pu établir contre la doxa dominante du monde juridique, que la question de la réparation juridique des deux crimes ne relève pas, comme le prétendent faussement les idéologues négationnistes au service de l'État, de la morale ou de la politique qu'elle, n'est nullement incompatible avec notre droit, comme a cru pouvoir l'écrire M. Garapon, notamment dans son livre « Peut-on réparer l'histoire »,

Qu'il convient de garder en mémoire que la question juridique et judiciaire de la réparation ne relève, ni d'une concurrence mémorielle, ni d'un communautarisme, le plus souvent invoqué arbitrairement comme un moyen de discrédit et d'évitement du débat juridique.

Il convient également de savoir que les déclarations d'un certain Aimé Césaire à la fin de sa vie sur la question de la réparation sont la négation de tout ce que son discours sur le colonialisme avait mis à nu, soit l'essence même de ce qu'ont été la traite et l'esclavage.

Deux citations interdisent aux négationnistes de se référer aux défaillances du grand nègre fondamental.

La première pour comprendre quelle est l'essence de notre monde :

> Que l'on se représente Auschwitz et Dachau, Ravensbrück et Mauthausen, mais le tout à l'échelle immense — celle des siècles, celle des continents — l'Amérique transformée en « univers concentrationnaire », la tenue rayée imposée à toute une race, la parole donnée souverainement aux kapos et à la schlague, une plainte lugubre sillonnant l'Atlantique, des tas de cadavres à chaque halte dans le désert ou la forêt, et les petits bourgeois d'Espagne, d'Angleterre, de France, de Hollande, innocents Himmler du système, amassant de tout cela le hideux magot, le capital criminel qui fera d'eux des chefs d'industrie. Qu'on imagine tout cela et tous les crachats de l'histoire et toutes les humiliations et tous les sadismes et qu'on les additionne et qu'on les multiplie *et on comprendra que l'Allemagne nazie n'a fait qu'appliquer en petit à l'Europe ce que l'Europe occidentale a appliqué pendant des siècles aux races qui eurent l'audace ou la maladresse de se trouver sur son chemin* (Aimé Césaire).

La seconde, pour dire quel peut être, doit être le chemin de votre décision :

> *Une civilisation qui s'avère incapable de résoudre les problèmes que suscite son fonctionnement est une civilisation décadente.*
> *Une civilisation qui choisit de fermer les yeux à ses problèmes les plus cruciaux est une civilisation atteinte.*
> *Une civilisation qui ruse avec ses principes est une civilisation moribonde.*
> Le fait est que la civilisation dite « européenne », la civilisation « occidentale», telle que l'ont façonnée deux siècles de régime bourgeois, est incapable de résoudre les

deux problèmes majeurs auxquels son existence a donné naissance : le problème du prolétariat et le problème colonial ; que, déferrée à la barre de la « raison », comme à la barre de la « conscience », cette Europe-là est impuissante à se justifier ; et que, de plus en plus, elle se réfugie dans une hypocrisie d'autant plus odieuse qu'elle a de moins en moins chance de tromper.

L'Europe est indéfendable.

Il paraît que c'est la constatation que se confient tout bas les stratèges américains.

En soi, cela n'est pas grave.

Le grave est que « l'Europe » est moralement, spirituellement indéfendable.

Et aujourd'hui il se trouve que ce ne sont pas seulement les masses européennes qui incriminent, mais que l'acte d'accusation est proféré sur le plan mondial par des dizaines et des dizaines de millions d'hommes qui, du fond de l'esclavage, s'érigent en juges.

On peut tuer en Indochine, torturer à Madagascar, emprisonner en Afrique, sévir aux Antilles. Les colonisés savent désormais qu'ils ont sur les colonialistes un avantage. Ils savent que leurs « maîtres» provisoires mentent.

Donc que leurs maîtres sont faibles.

Et puisqu'aujourd'hui il m'est demandé de parler de la colonisation et de la civilisation, allons droit au mensonge principal à partir duquel prolifèrent tous les autres.

Colonisation et civilisation ?

La malédiction la plus commune en cette matière est d'être la dupe de bonne foi d'une hypocrisie collective, habile à mal poser les problèmes pour mieux légitimer les odieuses solutions qu'on leur apporte.

Cela revient à dire que l'essentiel est ici de voir clair, de penser clair, entendre dangereusement, de répondre clair à l'innocente question initiale : qu'est-ce en son principe que la colonisation ? De convenir de ce qu'elle n'est point ; ni évangélisation, ni entreprise philanthropique, ni volonté de reculer les frontières de l'ignorance, de la maladie, de la tyrannie, ni élargissement de Dieu ni extension du droit ;

d'admettre une fois pour toutes, sans volonté de broncher aux conséquences, que le geste décisif est ici de l'aventurier et du pirate, de l'épicier en grand et de l'armateur, du chercheur d'or et du marchand, de l'appétit et de la force, avec, derrière, l'ombre portée, maléfique, d'une forme de civilisation qui, à un moment de son histoire, se constate obligée, de façon interne, d'étendre à l'échelle mondiale la concurrence de ses économies antagonistes.

Poursuivant mon analyse, je trouve que l'hypocrisie est de date récente ; que ni Cortez découvrant Mexico du haut du grand téocalli, ni Pizarro devant Cuzco (encore moins Marco Polo devant Cambaluc), ne protestent d'être les fourriers d'un ordre supérieur ; qu'ils tuent ; qu'ils pillent ; qu'ils ont des casques, des lances, des cupidités ; que les baveurs sont venus plus tard ; que le grand responsable dans ce domaine est le pédantisme chrétien, pour avoir posé les équations malhonnêtes : christianisme = civilisation ; paganisme = sauvagerie, d'où ne pouvaient que s'ensuivre d'abominables conséquences colonialistes et racistes, dont les victimes devaient être les Indiens, les Jaunes, les Nègres.

Cela réglé, j'admets que mettre les civilisations différentes en contact les unes avec les autres est bien ; que marier des mondes différents est excellent ; qu'une civilisation, quel que soit son génie intime, à se replier sur elle-même, s'étiole ; que l'échange est ici l'oxygène, et que la grande chance de l'Europe est d'avoir été un carrefour, et que, d'avoir été le lieu géométrique de toutes les idées, le réceptacle de toutes les philosophies, le lieu d'accueil de tous les sentiments en a fait le meilleur redistributeur d'énergie.

Mais alors je pose la question suivante : la colonisation a-t-elle vraiment mis en contact ? Ou, si l'on préfère, de toutes les manières « d'établir contact », était-elle la meilleure ?

Je réponds non.

Et je dis que de la colonisation à la civilisation, la distance est infinie ; que, de toutes les expéditions coloniales accumulées, de tous les statuts coloniaux élaborés, de toutes les circulaires ministérielles expédiées, on ne saurait réussir à extirper une seule valeur humaine ».[10]

Le grand homme au soir de sa vie, condamnant les actions visant la réparation et prônant la main tendue pour obtenir de l'aide de l'occident, est tombé, lui le grand grammairien de la langue française dans la confusion sémantique.

Les mendiants sont ceux qui quémandent l'aide, ceux qui engage le combat judiciaire pour faire condamner l'État, sont les vrais et seuls combattants pour qu'enfin soient respectées les victimes sur plus de quatre siècles de ces deux crimes et que les criminels payent leur dette à laquelle depuis les abolitions ils ont tout fait pour échapper.

Il faut ici réaffirmer que les demandeurs-personnes physiques et les associations ne sont pas en quête d'une reconnaissance (de qui d'ailleurs ?) en raison d'un déficit identitaire, qu'il ne s'agit ni de réparer l'histoire ni de faire de votre juridiction un tribunal de l'histoire.

Vous êtes saisis ici en votre qualité unique de Magistrats (diseur du droit) et uniquement et tout simplement d'un problème de pur droit et de justice, gardiens du respect de la règle de droit quoiqu'il puisse en couter à l'État et à sa belle république.

Nous ne demandons que le droit, le droit du droit à être strictement appliqué et respecté, ce qui est garant du procès équitable et du juste rendu de la justice.

Je terminerai par une citation de Franz Fanon qui vaut pour chacun d'entre nous :

> L'homme est sans cesse en question sur lui-même… toutes les questions que se pose l'homme au sujet de l'homme,

---

[10] Césaire, Aimé. *Discours sur le colonialisme.* Présence africaine, 1955.

peuvent se ramener à cette question : n'ai-je pas du fait de mes actes ou de mes abstentions, contribué à une dévalorisation de la réalité humaine. « Le syndrome nord-africain. »

Monsieur le Premier Président, Mesdames de la Cour, les cartes sont entre vos mains dans un jeu que votre institution a jusqu'à ce jour pipé.

Il vous appartient de redresser la courbe des mensonges, des manipulations, des abus de pouvoir et des dénis de justice et de remettre la réparation sur la ligne droite du droit et de la justice.

Je vous remercie

2. Sur le droit intangible à la réparation : La loi Taubira, l'incontournable droit à la réparation

2.1 La fable de la loi mémorielle : Me Dominique Monotuka[11]

L'ordonnancement juridique français continue à privilégier, à choisir un ordre garantissant ses intérêts.

Ce qui est en question c'est la reconnaissance que cet esclavage et cette Traite constituent le crime contre l'Humanité, je dis bien la reconnaissance. Pour que cet État et ses institutions admettent que ces faits constituent sur le plan du droit un crime contre l'Humanité faut-il encore au préalable que ces hommes et femmes qui ont subis ce crime soient reconnus par cet État et ses institutions et son droit comme étant des êtres humains.

Dans le cadre de cet ordonnancement juridique esclavagiste, vous conviendrez que le droit de réparation pour les victimes n'existe pas et ne peut exister puisque, pour que ce droit puisse exister, faut-il encore que l'ordre esclavagiste soit reconnu et déclaré comme étant illégal. L'état français l'ayant légalisé, il est impossible que le droit à réparations puisse être, dans cet ordre-là, reconnu aux victimes.

Le droit à réparations n'existe que dans un cadre légal qui rend illégal l'ordre esclavagiste.

Il y a cette question de la prescription que vous avez posé mais bien entendu faut-il encore que les victimes puissent bénéficier de ce droit à réparations pour l'exercer.

---

[11] Plaidoirie reconstituée à partir des notes prises lors des audiences.

Si l'on considère le statut des affranchis, ni la victime soumise au statut de meuble, ni l'affranchi n'a accès à ce droit à réparations.

Je ferais strictement une analyse juridique dans un premier temps afin de démontrer l'impossibilité des victimes de faire valoir le dit droit à réparations.

J'ai en main l'exposé du décret du 17 avril 1848.

(Lecture de l'article 1er).

Trois ans d'esclavages qui continuent après le décret.

Ce décret qui prononce l'affranchissement, affranchit les victimes. Tous les statuts prévus à l'encontre desdites victimes dans le cadre du système esclavagiste excluent tout droit à réparation. C'est en vain que vous cherchez un début de droit donné aux dites victimes pendant toute cette période.

Je vous pose la question : est-ce que le statut d'affranchis, ce décret qui vient affranchir et maintenir l'un des statuts du Code Noir, est-ce que ce statut-là donne droit au droit à réparation ? À quel moment, par quelle magie le statut d'affranchis pourrait permettre aux dites victimes de faire valoir leur droit à réparation ? À quel moment ce statut d'affranchis sera-t-il abrogé ?

Nous, de générations en générations, nous ne sommes plus sous le statut d'affranchis ? Jamais. **Jamais ce statut n'a été aboli.** Et je dois dire que cette super réforme du code noir puisqu'on l'a dépossédé du statut de meuble et d'esclave pour préserver celui d'affranchis. L'ordre esclavagiste a été programmé, maîtrisé.

L'affranchissement n'est pas le recouvrement de l'identité humaine, pas du tout au contraire c'est sa négation.

Et Schoelcher dans sa volonté de sauver la colonie, dans son rapport il nous dira, puisque désigné par l'un des ministres de l'État français :

« l'esclavage [il s'adresse à ses pairs et au Parlement français] tout le monde en convient ne pouvait plus être maintenu et l'on devra se réputer heureux si l'on traverse sans secousse l'intervalle entre la proclamation de la république et le prochain affranchissement. Maintien des colonies ; ce que l'on gagne à marchander avec des hommes qui veulent être libres ». Ils ont eu nos ancêtres purifiés de l'esclavage, ils peuvent faire partie de la France « Tout serait perdu si la discorde venait troubler leur population ».

L'horizon qui va être offert aux nouveaux affranchis c'est d'exiger de l'État français qu'il respecte le statut d'affranchis et donc qu'il respecte le Code Noir. Voilà, voilà l'histoire qui en vérité n'est pas véritablement cachée, mais qui souffre de déni ou d'une volonté d'un certain état d'être cachée à la conscience et aux hommes de bonne foi.

(*Citation d'un document du Conseil Général de la Martinique qui écrit à l'État français.*

À quel moment nous aurons d'autres horizons que le statut d'affranchis ?

En 1946 ce fameux rattrapage. Nos ancêtres ont été manipulés, trompés.

Ce décret n'ouvre pas sur un autre ordre, nous sommes toujours dans le système esclavagiste, sous l'emprise du Code noir et du statut d'affranchis et par conséquent il nous est toujours impossible en tant qu'affranchis d'être réparés.

Mais si je n'ai pas le droit d'inverser ce droit, pourquoi me reprochez-vous la prescription ?

Alors, j'ai vu que ça commence à venir, la loi du 27 janvier 2007 relative à l'égalité, j'ai vu que le parlement voulait commencer à abolir l'ordre esclavagiste et là en l'occurrence il y a une loi du 30 avril 1849 relative à l'indemnité des colons par suite de l'abolition de l'esclavage qui a permis de distribuer 126 millions de francs, aux dits colons. Le droit l'autorise à cette époque et jusqu'à preuve du contraire.

Cette loi a été abrogée en 2019 donc ils savent très bien que cette loi a continué. **Il serait très intéressant que le statut d'affranchis soit abrogé aussi, il serait temps.** C'était le maintien du statut d'affranchis qui est en jeu. Quand on nous parle de prescription, franchement, vous savez bien que vous racontez des sottises.

À propos du Crime contre l'Humanité, la difficulté c'est que lorsque cette loi est promulguée et publiée **vous comprenez bien que ce n'est pas le combat de l'État, mais celui des ayants droit du statut d'esclave.** Alors crime contre l'humanité c'est d'un coup reconnaître que ces hommes et ces femmes étaient des êtres humains, mais donc le droit à réparation s'ouvre. Et nous pouvons venir enfin, car nous sommes enfin des êtres humains tels que le droit français le définit. C'est normal qu'à l'issue on puisse exercer ce droit.

Dans quel ordre vous voudriez que nous exercions un droit dans un ordre où nous sommes des affranchis ?

Donc cette loi a été publiée et nous avons décidé de faire valoir notre nouveau droit.

Il existe trois intégrités de la personne humaine : Physique – Psychologique – Droit à l'intégrité de la dignité humaine, droit à la nature humaine.

Il nous faut ce troisième droit pour être humain. Avant cela, l'État français n'avait jamais été confronté à une telle sollicitation de la part d'affranchis, celle de l'intégrité inhérente à la personne humaine.

Lorsque les gardiens du temple de l'ordre esclavagiste ont compris, nous avions suffisamment de discernement sur la portée et la signification du droit français pour faire valoir notre identité de personne humaine. **Et forts de ce droit**

reconnu par cette loi, nous vous demandons de nous réparer, comme ayants-droit de nos ancêtres.

Article 34 de la constitution prévoit les caractéristiques des lois. Il n'existe pas de lois mémorielles, les constituants n'ont jamais prévu l'existence d'une telle loi. Donc la loi du 21 mai 2001 ne peut pas en être une. La Cour de cassation n'a pas de compétence pour dire si une loi est normative ou non. Cela n'est pas prévu par la constitution donc arbitraire. Une institution qui a usurpé des conséquences à des fins de déni d'humanité est donc raciste et c'est pour cette raison que le M.I.R a déposé plainte.

Question de la prescription

Cette loi a été publiée sans qu'aucun recours n'ait pu aboutir à une question du Conseil constitutionnel. À partir de là, les juridictions conformément à l'article 1 du Code civil, refusent d'écouter. Sur le plan institutionnel, sur le plan de la hiérarchisation des normes, les choses sont claires :

La loi est normative.

C'est une loi qui prévoit, en ses articles 4 et 5, la modification de deux lois. Elle a modifié les lois. Pourquoi ne serait-elle donc pas normative si elle arrive à modifier d'autres lois ? Elle a aussi des décrets d'application, ce qui veut dire qu'elle est normative.

Ma dernière pensée est pour l'essentiel, ce qui fait que nous sommes tous là aujourd'hui. La conscience que nous avons d'être des humains, cette conscience qui nous porte et que pourtant l'État français prétend nous dénier, jusqu'à vouloir continuer de l'exclure de sa juridiction, à savoir renoncer à l'institutionnalisation de l'identité humaine au lieu de continuer comme il le fait à vouloir imposer aux êtres humains son ordre colonial, esclavagiste, en nous imposant une identité fictive : nègres, colons, affranchis, etc.

Toutes des identités fictives, tout est faux. Cette conscience qui nous porte et fait que nous sommes ici ensemble et que l'état refuse d'assumer depuis des siècles. Sachez que nous avons déjà institué un autre paradigme et que nous procédons déjà, dans cette socialité-là, même si elle est interdite dans votre paradigme, nous assumons cette conscience-là, cette société-là et c'est la seule que nous reconnaissons.

Notre humanité n'est pas négociable. C'est vrai que Mr Schœlcher n'a pas prétendu le contraire. Nous vous le répétons. Et c'est pour cette raison, que ces hommes, ces 4 prisonniers politiques qui sont incarcérés au centre pénitentiaire de Ducos, parce qu'il procède de cette matrice-là, continueront à vous dire, que **jamais, à l'image de nos ancêtres, de génération en génération, nous ne céderons devant l'État français.**

2.2 Le principe de réparation, principe consubstantiel à la loi l'impossible expulsion du principe de réparation matérielle de la loi : Me Maryse Duhamel

Je me souviens de la première fois où j'ai eu à plaider ce dossier devant le tribunal il y a maintenant fort longtemps.

Un juge d'un tribunal français avait écrit dans une ordonnance que jusqu'en 1848 l'esclavage et la traite négrière s'inscrivaient dans un cadre légal et se justifiaient donc.

Ce jour-là, j'étais très en colère.

Depuis, j'ai cheminé et aujourd'hui je crois être apaisée.

Lorsqu'il m'a été demandé de plaider devant cette cour, j'ai tout simplement refusé.

Face à l'insistance de mes confrères et du Président du M.I.R, j'ai finalement cédé en spécifiant que mon analyse du problème que pose la question de la réparation serait fort peu conventionnelle.

En effet, je disais être apaisée. Cela n'a été possible que lorsque je suis sortie du plan où je me situais pour examiner la question de la réparation, c'est-à-dire du point de vue du droit français.

Et le plan sur lequel je me situe actuellement donne une image à mon avis beaucoup plus juste de la réalité de la perception de cette question par le peuple français.

Je rappelle que la loi est adoptée au nom du peuple français ; les décisions de justice sont rendues au nom du peuple français ; le gouvernement et les institutions de la république agissent au nom du peuple français qu'ils représentent.

Il m'a été demandé de venir dire devant une cour qui rend ses décisions au nom du peuple français pourquoi il est impossible d'expulser la notion de réparation de la loi du 21 mai 2001.

Je doute de pouvoir y parvenir, car je crains que la mission qui m'est confiée ne soit impossible.

Le M.I.R dans sa grande, mais néanmoins naïve ténacité persévère, car il reste convaincu qu'un jour le peuple français au nom duquel cette cour rend ses décisions parviendra à reconnaître les crimes innommables qu'il a commis et la profondeur de l'indignité dans laquelle il est tombé depuis.

Par-delà donc la réparation pour les peuples victimes des crimes des Européens et singulièrement des Français, il semble bien que le M.I.R œuvre également pour la restauration des criminels eux-mêmes afin de les sortir de cet immense abîme dans lequel ils évoluent depuis des siècles : le racisme.

En effet, la notion de race humaine est communément admise par tout un chacun en France. Le dictionnaire français, Le Robert donne la définition suivante du mot race s'agissant des humains :

> **Groupe ethnique qui se différencie des autres par un ensemble de caractères physiques héréditaires (couleur de la peau, forme de la tête, proportion des groupes sanguins, etc.) représentant des variations au sein de l'espèce. L'anthropologie classe les hommes en races d'après la pigmentation, la couleur de la peau, des cheveux et des yeux. | Race blanche, jaune, noire…**

Selon ce même dictionnaire, le racisme est la « **Théorie de la hiérarchie des races qui conclut à la nécessité de préserver la race prétendue supérieure de tout croisement, et à son droit de dominer les autres** » …

Le seul continent à avoir été naturellement peuplé de personnes dites de *« race blanche »* est l'Europe.

Les européens qui se définissent comme *blancs* sont , en effet, ceux-là mêmes qui ont inventé le concept identitaire de la *« race »* et procédé à une hiérarchisation de l'humanité selon des critères *raciaux* pour se déclarer supérieurs à toutes les autres *« races »*.

Les Européens ont été les premiers et les seuls à avoir officiellement émis des théories, qui se veulent parfois même scientifiques, établissant une hiérarchie des races dans le but d'établir leur propre supériorité.

On trouve ainsi parmi les plus grands penseurs, philosophes et hommes politiques français, Voltaire, Montesquieu, Diderot, Renan, Hugo, Théophile Gautier, Jules Ferry, André Gide, Pierre Larousse, Colbert, Napoléon, de fervents défenseurs de la supériorité blanche et du droit des blancs à dominer le monde, en assujettissant et au besoin en exterminant les non-blancs.

Ce sont ces hommes qui ont fait et font encore l'honneur et la grandeur de la France.

Il y a quelques mois, le président des Français faisait l'éloge de Napoléon qui reste un héros national et un modèle pour les jeunes français.

la date du 11 octobre 2021, à l'heure précise où je vous parle **le peuple français au nom duquel cette cour rend ses décisions** n'a jamais cessé de se revendiquer avec une immense fierté de la pensée de ces grands racistes-là.

CONSTAT :

Le racisme du peuple français est resté intact au fil des siècles.

Seules les modalités d'exercice ont évolué en fonction des évènements.

Dans sa relation aux non-blancs et particulièrement aux nègres, le fonctionnement du peuple français agissant par ses représentants reste consciemment, j'insiste sur le *« consciemment »* et profondément ancré dans le racisme.

Je disais que les modalités d'exercice du racisme à la française, et plus généralement à l'européenne, avaient pu évoluer en fonction des évènements.

Ces évolutions n'ont jamais eu d'autres objectifs que de s'adapter pour permettre d'améliorer le fonctionnement du système raciste en place.

Par exemple, après la 2e guerre, à cause de (ou grâce à) la folie des Allemands, la France a dû adapter le système raciste appliqué en Afrique.

En 1948, 3 ans après la fin de la guerre, le code de l'indigénat a été aboli, mais cela n'ayant pas suffi, il a bien fallu décoloniser.

Qu'à cela ne tienne, la décolonisation à la française s'est traduite par la mise en place de la Françafrique, un système raciste de corruption, de pillage, de profitation, de spoliation d'affamement et d'humiliation des peuples africains.

La loi du 21 mai 2001 fait partie de ces adaptations qui doivent permettre au système raciste de se maintenir dans de bonnes conditions.

Les affranchis des colonies revendiquent la reconnaissance des crimes perpétrés contre leurs ancêtres ?

On résiste tant qu'on peut, de telle sorte que quand on va lâcher un peu de lest, ils seront contents d'avoir obtenu les miettes qu'on leur a généreusement allouées.

L'essentiel doit être sauvegardé : la suprématie blanche.

Et la loi de mai 2021 reconnaissant les crimes de la France contre les Africains n'a pu être votée que parce que toute allusion à la notion même de réparation y a préalablement été EXPULSÉE.

Le système raciste a su résister et remporter la victoire.

Quant à moi, je crois que j'ai échoué dans ma mission !

Je devais expliquer pourquoi et comment il est impossible d'expulser la notion réparation du texte de la loi du 21 mai 2001.

Je n'ai pu que démontrer pourquoi et comment la notion même de réparation ne pouvait être qu'être expulsée d'une loi votée par le peuple français s'agissant des crimes commis contre les Africains.

Le racisme du peuple français est resté intact au fils des siècles.

Cependant, cet échec n'en pas vraiment un.

Car je crois qu'il est effectivement impossible de dénier le droit à réparation aux humains violentés à la fois dans la chair et dans l'esprit comme l'ont été les Africains et les Amérindiens.

Mais cette position ne peut comprise et soutenue que si l'on se place du point de vue de l'humain.

Or dans sa relation avec les peuples non-blancs, le peuple français semble incapable de se placer du point de vue l'humain.

Sa position n'a jamais été et reste encore celle du BLANC.

Et du point de vue du BLANC, il est dans l'ordre de la hiérarchie des races que les peuples non-blancs, et plus spécifiquement les peuples nègres, soient dominés, dépouillés, déportés, violentés, torturés, expulsés de leurs terres natales, assassinés etc., etc.

C'est tout simplement l'ordre des choses du peuple français au nom duquel cette cour rend ses décisions : un peuple nègre ne peut pas être victime d'un peuple blanc.

Les bovins ne demandent pas réparation parce que leurs ascendants et/ou leurs descendants ont été amenés à la boucherie pour y être abattus. C'est dans l'ordre des choses de la relation entre les humains et les bovins.

SAUF QUE :

Ce que le point de vue du BLANC occulte c'est que si le déni d'humanité n'enlève rien ontologiquement à l'humanité de l'autre, celui qui le pratique perd de vue sa propre humanité pour se revendiquer autre chose qu'un humain, en l'occurrence un BLANC.

Cette perte de conscience de l'humain explique l'état actuel de la civilisation occidentale : civilisation du mépris et de l'extermination l'humanité.

Fanon disait « Quittons cette Europe qui n'en finit pas de parler de l'Homme tout en le massacrant partout où elle le rencontre ».

Pour finir, je voudrais m'adresser aux requérants en leur disant, je sais que, par-delà la réparation, ce procès est aussi pour vous la manifestation de votre espoir de voir un jour l'humanité réconciliée avec elle-même.

Malheureusement, je crains que Nous, les Africains, ne puissions rien attendre d'humain de la part du peuple français, il a perdu son âme.

La main de salut et de pardon que nous lui tendons au travers de ce procès n'aura pas d'effets, il ne peut pas la saisir, il s'est perdu dans l'abîme de la haine de nous.

Dans l'enfer concentrationnaire des habitations des Blancs créoles, Nous les Africains nous avons été capables pendant plus de quatre siècles de porter seuls et haut, même très haut, l'humanité.

Les seuls capables de porter l'amour, la vérité et la vie, face à la haine, au mensonge et à la mort.

Rappelez-vous que le pardon libère à la fois celui qui l'accorde et celui qui le reçoit.

Nous avons accordé le pardon au peuple français, nous sommes libres.

Le peuple français n'a ni demandé ni reçu le pardon que l'Afrique lui a accordé. Il le considère comme une énième preuve de sa supériorité et de notre infériorité.

Nous ne pouvons plus rien pour lui.

Je n'ai aucun problème avec la décision qui sera rendue au nom du peuple français, car contrairement à mon confrère GERMANY, je ne suis pas venue ici réclamer réparation, je suis venue dire à mon peuple, le peuple martiniquais :

Laissons donc la France et son peuple dans leurs chaînes d'inhumanité et sortons du milieu d'eux mon peuple, afin de ne pas périr avec eux.

3. La question de l'imprescriptibilité du crime

3.1 Sur le décret de 1848 et l'empêchement d'agir, Me Samy Salamon

PLAIDOIRIE M.I.R CONTRE ÉTAT FRANÇAIS
Partie plaidée par Samy Salamon, suite à Maître Germany, Maître Manville, Maître Duhamel et Maître Monotuka.

Introduction

Monsieur le Président, Mesdames les Conseillères,

J'ai l'honneur de prendre la parole suite à mon Confrère Monotuka lequel vous a notamment expliqué tant historiquement que juridiquement la persistance de l'empêchement d'agir ayant suivi le décret de 1848 et par conséquent l'impossibilité d'opposer aux parties demanderesses la prescription.

C'est dans la continuité des propos de Maître Monotuka que j'interviens, sur cette question essentielle de la prescription et de l'empêchement d'agir, en insistant particulièrement sur l'arrêt de la Cour d'appel du 19 décembre 2017, dont il importe de comprendre le sens et surtout la portée.

Il est impossible de faire abstraction de plus de 15 années de procédures qui constituent le contexte procédural de cette affaire.

C'est dans ce cadre que Maître MANVILLE a fait une présentation du positionnement des différentes juridictions saisies depuis 2005, dont la Cour de Cassation et que Maître GERMANY, dans son introduction, a évoqué les différents moyens de défense de l'État français.

Or, il est absolument incontestable que depuis 15 ans, mais également plus spécifiquement dans ses écritures concernant la présente instance, l'État français a toujours et fermement exclu toute idée d'une réparation notamment matérielle et par conséquent la reconnaissance d'une créance des victimes des crimes de l'État français et de leurs ayant droit à l'encontre de l'État. Nous verrons en quoi un tel positionnement rend inopérante et impossible toute défense de l'État visant à opposer aux défenderesses la tardiveté de leur action sur le fondement de la loi du 31 décembre 1968.

Même si nous considérons, sous bien d'aspects, l'arrêt de la Cour d'appel critiquable, il constitue toutefois incontestablement une rupture, tant face aux moyens défendus par l'État français que par les motivations des juridictions, dont il faut mesurer la portée et les conséquences quant au sort des présents débats.

En particulier, tel que nous le verrons pour la première fois et en contradiction avec la position persistante de l'État français et des précédentes juridictions, le droit à la réparation, dans toutes ses composantes, tant sur le plan moral que sur le plan matériel, tant à l'égard des victimes directes qu'à l'égard de leurs ayant droit est enfin aujourd'hui reconnu.

Mais nous verrons aussi que les magistrats de la Cour d'appel n'ont pas tiré les conséquences juridiques qui s'imposaient d'une telle rupture.

Cela constitue pour autant une rupture essentielle avec le positionnement de l'État visant à nier l'existence d'une créance des victimes à l'encontre de l'État.

En effet, l'existence d'une telle créance est clairement reconnue, non plus sur le fondement de la Loi Taubira, mais sur le fondement du décret d'abolition du 30 mai 1848.

D'ores et déjà, cette simple évocation permet de juger infondé le moyen de l'État tiré de l'autorité de la chose jugée.

Dans le cadre de la précédente action diligentée en 2005, c'est uniquement sur le fondement de la Loi Taubira que les demanderesses avaient fondé leur action et tel n'est pas le cas de cette procédure par laquelle les parties demanderesses sollicitent réparation sur deux fondements distincts, la Loi Taubira, mais également le décret d'abolition.

L'invocation d'un fondement nouveau à l'action en réparation exclut que l'État puisse tenter d'opposer aux demanderesses l'autorité de la chose jugée.

Car, et c'est l'une des particularités de l'arrêt de la Cour d'Appel du 19 décembre 2017, la juridiction a statué en reconnaissant un droit à la réparation sur le fondement du décret de 1848 sans que les demanderesses aient fondé leur demande sur un tel fondement.

Notre position est claire :

Nous maintenons qu'il existe un droit à la réparation fondé sur la Loi TAUBIRA.

Tenant compte de l'arrêt du 19 décembre 2017, nous invoquons par ailleurs également un fondement distinct, le décret d'abolition du 30 mai 1848.

Nous maintenons avec force que la prescription ne peut aucunement être opposée aux demandes en premier lieu en raison de l'imprescriptibilité de l'action en justice de victimes et des ayants droit de victimes de crimes contre l'humanité tant sur le fondement de la Loi Taubira que du décret de 1848.

Toutefois, en toute hypothèse, même en faisant nôtre le raisonnement de la Cour d'appel selon lequel il conviendrait d'appliquer les règles de droit commun de la prescription, celle-ci ne pourrait faire obstacle à l'action que vous avez à juger.

Présentation de l'arrêt de la Cour d'appel du 19 décembre 2017, sens et portée

Revenons sur le détail des motivations de l'arrêt du 19 décembre 2017 :

Rappelons que les demandes initiées dans le cadre de l'assignation de 2005 étaient exclusivement fondées sur la Loi TAUBIRA.

La Cour d'appel statue comme tel (pages 12 et 13 de l'Arrêt) :

> Les faits et actes en cause, tels qu'ils sont dénoncés par les demandeurs appelants, ont donc été commis antérieurement au 24 mai 1848 et le droit à réparation a pris naissance au lendemain de l'abolition de l'esclavage pour ceux qui en avaient été les victimes.
>
> *Une action en responsabilité ayant pour fondement l'article 1382 du Code civil, invoqué par les appelants, était susceptible d'être engagée à cette date indépendamment de toute qualification pénale des faits, le législateur de 1848 affirmant « que l'esclavage est un attentat contre la dignité humaine » et qu'en détruisant le libre arbitre de l'homme, il supprime le principe naturel du droit et du devoir.*
>
> Cette action était, en droit commun, soumise à la prescription de l'ancien article 2262 du Code civil, il existait aussi une déchéance quadriennale des créances contre l'État instituée alors par la loi du 29 janvier 1831, désormais formulée par l'article 1er de la loi du 31 décembre 1968 ; la combinaison de ces dispositions était interprétée par la jurisprudence civile, jusqu'à l'arrêt de l'assemblée plénière du 6 juillet 2001, en ce sens que le point de départ de la prescription quadriennale des créances contre l'État est la date du jugement qui statue sur l'action en responsabilité.
>
> *Toutefois, bien que recouvrant une pleine capacité théorique d'action en justice, il est illusoire de considérer que les esclaves affranchis par la loi ont pu avoir immédiatement une pleine conscience de leur droit d'agir en justice à l'encontre de l'État et surtout qu'ils avaient alors la*

possibilité matérielle et morale de l'exercer devant une juridiction de ce même État.

L'action a ainsi été suspendue jusqu'au jour où les victimes ou leurs ayants droit, ont été en mesure d'agir, conformément au principe contra non valentem agere non currit prescriptio dont se prévalent les appelants. Pour autant, ceux-ci ne démontrent pas un empêchement qui se serait prolongé durant plus de cent ans et qui aurait fait obstacle à ce qu'au moins les héritiers des anciens esclaves agissent bien avant l'assignation délivrée seulement le 30 mai 2005 et encore postérieurement pour les personnes physiques intervenantes volontaires.

La portée de ces dispositions doit pleinement être mesurée :

En premier lieu, tel qu'il a été préalablement évoqué, pour la première fois, la Justice reconnaît que l'État français est bien responsable des dommages résultant de l'ensemble des crimes résultant de la traite et de la réduction en esclavage, même indépendamment de la loi TAUBIRA.

La Cour juge également qu'il existait bien un droit à réparation pour ces crimes que les ayants droits des victimes étaient en droit de mettre à exécution devant les juridictions.

Contrairement à la thèse majeure soutenue par l'État et les précédentes juridictions, la Cour reconnaît le droit à la réparation, dans toutes ses composantes, tant morales que matérielles, des victimes et l'existence d'une créance des victimes du crime sur l'État français.

La Justice reconnaît par ailleurs que cette créance et transmissible, de génération en génération aux ayants droit des victimes directes, tant que les conséquences du crime n'ont pas été réparées.

La Justice reconnaît, en outre, et contre la position de l'État, qu'aucune prescription n'a pu commencer à courir au moment de la naissance de la créance, tenant compte de l'article 1er de la loi du 31 décembre 1968 et du principe *« contra non valentem agere non currit prescriptio »* soit l'empêchement d'agir des créanciers à compter du décret d'abolition de 1848.

Il s'agit par conséquent d'une rupture majeure de l'État du droit sur la question de la réparation.

Toutefois, la Cour ne tire pas les conséquences d'une telle rupture.

En effet, ce n'est pas sur la base de la preuve rapportée de l'acquisition de la prescription que les parties demanderesses ont été déboutées, mais sur l'absence de preuve de la non prescription, qui dépend uniquement du défaut de « démonstration par les requérants que l'empêchement s'était poursuivi au-delà de 1948 » et ainsi, selon la Cour, sur la carence ponctuelle des ayants droit d'avoir satisfait à l'exigence de preuve de l'absence de prescription.

À ce stade, on constate en premier lieu que sur la question de la prescription, nulle autorité de la chose jugée ne peut sérieusement nous être opposée tenant compte de la motivation, même contestable, de la Cour d'appel.

En revanche, le raisonnement de la Cour d'appel est critiquable à plusieurs égards.

Ainsi, la Cour porte atteinte au principe du contradictoire en opposant aux demandeurs une carence dans la preuve de la poursuite après 1948 de l'empêchement d'agir, sur le fondement du décret d'abolition, sans que cette question ait fait l'objet d'un débat contradictoire préalable !

Par ailleurs, la Cour renverse la charge de la preuve, puisqu'il appartenait à l'État de faire la démonstration inverse, à savoir que la suspension du cours de la prescription avait pris fin en 1948.

En effet, dès lors que les requérants ont apporté la preuve de l'empêchement à agir, interdisant de faire courir la prescription à la suite des crimes ; et dès lors que la Cour a fait droit à cette démonstration en réponse à la fin de non-recevoir invoquée par l'État français, lequel estimait la prescription acquise en 1852, soit 4 ans après le décret d'abolition, les demandeurs n'avaient pas à démontrer la poursuite de l'empêchement d'agir, mais il incombait à l'État de démontrer que les motifs de faits et de droit qui avaient à compter de 1848 rendu impossible et paralysé l'action des ayants droit des victimes avaient cessé d'exister à partir du 27 avril 1948.

Nous démontrerons qu'une telle preuve est impossible, mais en tout état de cause, l'État n'a jamais apporté la moindre réponse sur ce point.

Alors que la Cour d'appel avait statué sans débat contradictoire tant sur le fondement juridique du droit à la réparation (décret d'abolition) que sur la question du point de départ de la prescription, nous avons par conséquent posé le débat dans le cadre de la présente instance et c'est dans ce contexte que les appelants ont saisi le conseiller de la mise en état d'un incident visant à ce que soit fait injonction à l'État français de produire les preuves du fait qu'à compter d'avril 1948, le moyen de défense opposé par les requérants à la fin de non-recevoir de la prescription n'était plus recevable, à savoir la preuve que les empêchements d'agir d'avant avril 1948 ne pouvaient plus être considérés comme opérants.

La Cour constatera que l'État français n'a pas répondu et qu'il est resté totalement silencieux sur ce point.

Faute d'une telle réponse, nous vous demandons de considérer que la prescription, même de droit commun, ne peut être opposée aux appelants.

Toutefois, subsidiairement, nous entendons apporter la démonstration juridique que la prescription n'a en réalité, jamais commencé à courir, sur le fondement de la loi du 31 décembre 1968.

Sur l'absence de départ du cours de la prescription

Il est essentiel de reprendre les termes de la loi du 31 décembre 1968 relative à la prescription des créances sur l'État et de déterminer son cadre d'analyse concernant le présent litige.

Nous invoquons l'article 3 de la loi qui prévoit :

> ***La prescription ne court*** *ni contre le créancier qui ne peut agir, soit par lui-même ou par l'intermédiaire de son représentant légal, soit pour une cause de force majeure,* ***ni contre celui qui peut être légitimement regardé comme ignorant l'existence de sa créance*** *ou de la créance de celui qu'il représente légalement.*

Par conséquent, la prescription ne peut commencer à courir qu'à condition que l'ensemble des requérants aient une pleine et entière conscience de l'existence de leur créance sur l'État.

Seule une telle connaissance, brisant l'ignorance légitime mentionnée au titre de l'article 3 permettrait de faire débuter le cours de la prescription.

Une telle connaissance légitime implique donc non seulement la conscience d'une créance sur l'État en raison des crimes contre l'humanité commis pendant la période esclavagiste, mais par ailleurs le fondement juridique d'une telle créance et en l'occurrence, le décret d'abolition de 1848.

Or, d'ores et déjà, l'on se heurte à une première et importante contradiction de la Cour d'appel qui d'une part, retient, pour la première fois et sans que les demandeurs ne l'aient même invoqué le décret d'abolition comme fondement spécifique à un droit à la réparation, mais d'autre part estime que l'ensemble des requérants et leurs ascendants auraient eu à compter d'avril 1948 une connaissance légitime de pouvoir agir en justice contre l'État, sur le fondement du décret de 1848. Un tel postulat est totalement irréaliste.

Encore faut-il déterminer à quelle hauteur se placer pour apprécier les conditions de l'article 3 et de l'ignorance légitime de la créance.

Il est inutile de revenir en détail sur les 100 années qui ont suivi le décret d'abolition dès lors qu'il est acquis l'absence de capacité d'agir juridiquement des victimes directes et de leurs descendants, si l'on s'en tient à l'arrêt de la Cour d'appel.

Par ailleurs, Maître Monotuka est revenu en détail sur les différentes mesures d'oppression qui ont été intégré dans le décret d'abolition et l'ont suivi, maintenant et faisant perdurer les mécanismes de domination et de contrainte tant sur les corps que sur les âmes.

On pense, entre autres au décret sur le délit de vagabondage et sur les ateliers de travail, maintenant, de fait, une situation d'esclavage moderne pour un très grand nombre d'affranchis.

Comment ne pas évoquer également l'article 5 du décret d'abolition fixant le principe de l'indemnisation des esclavagistes en réponse à l'abolition, qui sera complété par la loi de 1849, en précisant les modalités.

En réalité, si le décret d'abolition de 1848 peut être considéré comme un fondement au droit à la réparation, tenant compte de l'arrêt de la Cour d'appel, il instituait également des mesures rendant impossibles toute émancipation.

Il est absolument évident qu'à compter de l'abolition et durant toute la période coloniale, la capacité des victimes de l'esclavage et leurs enfants à ester en justice contre l'État colonial était purement illusoire et c'est ce qu'a retenu la Cour d'appel ainsi que la Cour de Cassation.

Seul l'État a osé contester une telle évidence en soutenant que la prescription aurait commencé à courir à compter de 1848 et qu'elle aurait été acquise 4 années plus tard en avril 1852 !

Mais il est également évident qu'en 1948, au début de la départementalisation, alors que la France restait un empire colonial, que les conséquences de l'esclavage, mais également les mécanismes de domination à l'encontre des descendants des victimes de l'esclavage n'ont pas cessé et en premier lieu, la transmission de la misère sociale.

C'est dans ces conditions que la Cour retient, laconiquement et arbitrairement, sans qu'on puisse en comprendre le sens, une période de 100 années après lesquelles l'empêchement d'agir aurait cessé, faisant courir le délai de prescription de droit commun.

Alors, dans quel cadre et à quelle hauteur donc faut-il se placer ?

Il faut tout d'abord prendre la mesure du cadre et de la nature litige.

Il s'agit d'une action de victime de crimes contre l'humanité contre l'État français lequel a la particularité de correspondre à la fois à la partie défenderesse, mais également au cadre juridique, idéologique, administratif, politique, au sein duquel s'établit la vie des requérants.

On comprend sans difficulté le nombre d'obstacles, tant idéologiques, politiques, juridiques à la construction d'une conscience collective commune de l'existence d'une créance opposable à l'État, à fortiori sur le fondement du décret d'abolition de 1848, dont on a relevé les nombreuses ambiguïtés, dont celle de poser le principe de l'indemnisation des criminels.

Ma consœur, évoquera également, plus tard, la politique et l'idéologie de l'injonction à l'oubli ayant suivi l'abolition puis accompagné la départementalisation.

Il est évident que l'émergence dans la conscience collective d'une telle créance n'est susceptible de se construire que par des processus d'intermédiations et des séquences de mobilisations collectives portant sur la problématisation de la question de la réparation, afin de convertir la reconnaissance mémorielle en terme judiciaire, tenant compte des rapports de force en présence, particulièrement désavantageux.

Sur cette question je m'en réfère et vous renvoie à l'article de J F. Ade Ajayi « La politique de Réparation dans le contexte de mondialisation » publié dans *Cahiers d'études africaines*, n° 173-174, 2004, p.41-63 qui explique les raisons de l'échec de la traduction politique des mobilisations collectives en faveur de réparations matérielles et les raisons pour lesquelles un droit à la réparation fondé sur l'existence d'une créance identifiée et identifiable est resté très majoritairement et presque unanimement étranger à l'esprit du temps, notamment au sein de la doctrine juridique.

Mais par ailleurs, la question n'est pas de savoir si un requérant, dix ou même cent auraient pu avoir l'idée, dans ce contexte, d'agir en justice contre l'État pour Crime contre l'humanité, mais si le « requérant moyen » et en réalité chaque requérant potentiel pouvait RAISONNABLEMENT avoir une conscience éclairée de la titularité d'une créance sur l'État, et ce, sur le fondement du décret d'abolition de 1848, mais en outre la connaissance des voies judiciaires ouvertes à la consécration de ce droit !

C'est en cela que la véritable question qui doit se poser est de savoir s'il existe un évènement significatif qui depuis 1948 aurait pu permettre de faire émerger dans la conscience commune la connaissance de la créance sur l'État alors que tout milite depuis 70 ans pour faire croire qu'une telle créance n'existe pas.

Or, comment considérer une telle connaissance autrement qu'illusoire sans qu'au préalable, le crime soit, à minima, reconnu ?

C'est ainsi que les requérants ont considéré que la question du point de départ de la prescription ne pouvait en aucun cas se poser avant que la Loi TAUBIRA, reconnaissant la responsabilité de l'État français dans le crime, ne soit promulguée.

Une telle reconnaissance constituait le minimum dans la construction de la conscience collective de la créance, sans pour autant qu'elle soit suffisante en soi.

Si les requérants ont eu l'espoir que la Loi Taubira puisse constituer un tel évènement brisant l'ignorance légitime à la créance sur l'État, un tel espoir a été rapidement étouffé par le positionnement des magistrats de la Cour de Cassation lui déniant toute portée normative, dont continue de se prévaloir l'État français, mais également du positionnement du plus haut magistrat français, François HOLLANDE, qui en 2012, lors de l'inauguration du Mémorial Act déclarait :

« DE RÉPARATION, IL N'EN EST PAS QUESTION »

Sur le cadre du débat portant sur l'ignorance légitime de la créance, j'évoquais la nature particulière de l'action en justice, portant sur la réparation de plusieurs crimes contre l'humanité, dont le processus de reconnaissance et d'appréhension collective des actions en justice à mener ne peut correspondre qu'en une construction dans la longue durée, avec la mobilisation de la société civile, d'autant plus lorsque le criminel responsable est l'État français.

Il nous est alors possible de procéder par analogie, sur la question du point de départ de la prescription et de l'empêchement d'agir, en analysant un avis rendu par l'Assemblée du Contentieux du Conseil d'État, laquelle devait se prononcer sur la responsabilité de l'État dans la déportation résultant des persécutions antisémites pendant la Seconde Guerre mondiale.

L'avis du Conseil d'État avait été sollicité par le tribunal administratif de Paris, avant de statuer sur la demande d'une requérante tendant à la condamnation solidaire de l'État et de la SNCF à lui verser la somme de 200 000 euros en réparation du préjudice subi par son père, du fait de son arrestation, de son internement et de sa déportation et la somme de 80 000 euros au titre du préjudice qu'elle a subi.

(Conseil d'État n° 315499, lecture du lundi 16 février 2009)

Les questions qui étaient posées au Conseil d'État étaient les suivantes :

> 1. Compte tenu notamment [...] de l'imprescriptibilité des actions visant à rechercher la responsabilité civile d'un agent public du fait des dommages résultant de crimes contre l'humanité et, par conséquent, de la possibilité de rechercher sans limite de temps la responsabilité de l'État à raison de ces mêmes dommages, dès lors que la faute personnelle dont s'est rendu coupable l'agent ne serait pas dépourvue de tout lien avec le service ;
>
> [...] Le caractère imprescriptible des crimes contre l'humanité posé par l'article 213-5 du Code pénal qui s'attache à l'action pénale et à l'action civile engagée devant la juridiction répressive, selon l'arrêt de la Cour de Cassation du 1er juin 1995 Touvier, peut-il être étendu, en l'absence de dispositions législatives expresses en ce sens, aux actions visant à engager la responsabilité de l'État à raison de faits ayant concouru à la commission de tels crimes, que cette responsabilité soit recherchée devant le juge judiciaire, dans l'hypothèse où le crime contre l'humanité constituerait une atteinte à la liberté individuelle au sens de l'article 136 du code de procédure pénale, ou devant la juridiction administrative.

Sur la question de la compétence, les juridictions ont tranché suite à l'assignation de 2005, c'est bien le juge judiciaire qui est compétent et la question ne fait plus débat. Quant à l'imprescriptibilité, nous maintenant qu'elle doit être étendue aux actions visant à engager la responsabilité de l'État devant le juge judiciaire et mes confrères défendront ce point.

Puis :

> Dans le cas d'une réponse négative à la première question, convient-il de considérer que le point de départ de la prescription quadriennale opposée par les ministres de la Défense et de l'Intérieur à la demande indemnitaire de la requérante en application des lois du 29 janvier 1831 et du 31 décembre 1968 relatives à la prescription des créances sur l'État, doit être fixé au début de l'exercice qui suit celui au cours duquel est né le dommage ou convient-il au contraire de juger qu'eu égard à la jurisprudence fixée par les arrêts des 14 juin 1946, 4 janvier et 25 juillet 1952, Ganascia, Époux Giraud et Delle Remise, et qui a prévalu jusqu'à son abandon par l'arrêt du Conseil d'État du 12 avril 2002, Papon [...] *que la prescription quadriennale ne pouvait commencer à courir tant que Mme A pouvait être regardée comme ayant légitimement ignorée l'existence de la créance qu'elle pouvait avoir sur l'État.* Dans cette hypothèse, faut-il considérer qu'il a été mis fin à cet état d'ignorance par la publication du décret n° 2000-657 du 13 juillet 2000 instituant une mesure de réparation pour les orphelins dont les parents ont été victimes de persécutions antisémites (...)

Ainsi, le Tribunal pose la question que nous posons qui est celle de l'ignorance légitime, au titre de l'article 3 de la loi du 31 décembre 1968 relative à la prescription des créances sur l'État.

Rappelons que la requête date de 2009 pour des faits datant de la Seconde Guerre mondiale soit plus de 60 ans plus tard.

Par conséquent, la question ne dépend pas uniquement de la temporalité, mais d'un rapport de force.

Et la Cour constatera que le Tribunal pose précisément la question essentielle de l'acte significatif ayant mis fin à l'état d'ignorance légitime !

Et que le Tribunal postule qu'il pourrait s'agir d'un décret instituant une mesure de réparation pour les orphelins dont les parents ont été victimes de persécutions antisémites, mesure instituant des réparations matérielles !

Or, on a bien vu que de telles mesures sont inexistantes concernant les crimes portant sur la réduction en esclavage et que la Loi Taubira n'a pu aboutir à de telles mesures et qu'il n'existe par conséquent aucun acte ayant mis fin à l'état d'ignorance légitime.

Et que répond le Conseil d'État ?

Que d'une part les agissements d'une exceptionnelle gravité auxquels ces actes ont donné lieu avaient le caractère d'une faute de nature à engager la responsabilité de l'État.

Que d'autre part, « *pour compenser les préjudices MATÉRIELS et MORAUX subis par les victimes de la déportation et par leurs ayants droit, l'État a pris une série de mesures, telles que des pensions, des indemnités, des aides ou des mesures de réparation* [...] »

Ensuite, le Conseil d'État fait la liste détaillée de ces mesures de réparations et ajoute :

> Prises dans leur ensemble et bien qu'elles aient procédé d'une démarche très graduelle et reposé sur des bases largement forfaitaires, ces mesures, comparables, tant par leur nature que dans leur montant, à celles adoptées par les autres États européens dont les autorités ont commis de semblables agissements, doivent être regardées comme ayant permis, autant qu'il a été possible, l'indemnisation, dans le respect des droits garantis par la Convention européenne de sauvegarde des droits de l'homme et des libertés fondamentales, des préjudices de toute nature causés par les actions de l'État qui ont concouru à la déportation.

En d'autres termes, le Conseil d'État estime que la réparation appelait une indemnisation INDIVIDUELLE, MORALE ET MATÉRIELLE des victimes ainsi qu'une reconnaissance solennelle de la responsabilité de l'État et du préjudice collectivement subi. Selon cet avis, les différentes mesures prises depuis la fin de la Seconde Guerre mondiale, tant sur le plan symbolique qu'INDEMNITAIRE (!) ont réparé, autant qu'il était possible, l'ensemble des préjudices.

Et alors, concernant les requérants, concernant les victimes des crimes découlant de la réduction en esclavage ?

Qu'en est-il ?

Qu'en est-il de l'indemnisation individuelle, morale et matérielle ?

Qu'en est-il des différentes mesures prises tant sur le plan indemnitaire ?

A contrario, cet avis valide la recevabilité de l'action des requérants et l'absence de prescription.

Pour mettre fin à l'ignorance légitime de la créance et débuter le cours de la prescription, ce que nous indique le Conseil d'État, c'est qu'il aurait fallu au préalable que l'État commence à réparer, ce qu'il n'a jamais fait, en refusant même le principe. Et ça n'aurait pas été suffisant, car il aurait fallu ensuite que les requérants potentiels comprennent, intègrent et appréhendent collectivement non seulement l'existence d'une créance sur l'État, mais également les moyens juridiques et judiciaires permettant d'en obtenir le recouvrement.

Et face à ce débat juridique que nous posons, que répond l'État ? Que plus de 150 ans sont passés et que c'est trop tard !

En réalité, l'État ne répond pas, car il lui est impossible de répondre sans faire face à une contradiction insurmontable.

Car les requérants sont en réalité des précurseurs et l'État ne peut leur reprocher la tardiveté à agir et la connaissance légitime de la créance sur l'État, tout en restant lui-même dans la négation, le déni, et en rejetant toute idée de réparation.

C'est en cela que la Cour d'appel en décembre 2017 a créé, à la fois, une rupture, en reconnaissant pour la première fois, un droit individuel des ayants droit à une réparation morale et matérielle et donc une créance sur l'État, fondée sur le décret de 1848, sans malheureusement tirer les conséquences de cette rupture, à savoir l'impossibilité, avant cet arrêt, pour chaque requérant potentiel, d'avoir une connaissance légitime d'une telle créance.

Il en ressort qu'aucune prescription ne peut être opposée aux requérants et vous déclarerez leur action recevable et fondée.

3.2 La dérive politique de la Cour de cassation : Me Line Louze Donzenac

Une pensée pour Marcel Manville mon cher patron, qui m'a formée et forgée.

La cause de la réparation ou des réparations aurait sans doute été son cheval de bataille comme la cause finale de la décolonisation pour laquelle il s'est battu surtout en Algérie. On me lance à la tête des statistiques des kilomètres de routes et de chemin de fer... moi je parle des millions d'hommes.

La Cour de cassation a eu une position politique. Il est tout à fait anormal que les magistrats de la Cour de cassation aillent rechercher les débats pour dire qu'une loi s'applique ou pas.

Quand on dit que la République française reconnaît la traite négrière transatlantique l'esclavage comme crime contre l'humanité, il y a reconnaissance du crime qui est un aveu pour nous de culpabilité.

Il doit donc être réparé. Cela ne peut être que civil, car l'État est irresponsable du pouvoir pénal.

L'État français ne peut pas être exonéré de sa responsabilité pour faute. Le droit français fondé sur principe de réparation intégrale du préjudice, l'action civique pour faute aurait pu être engagée, introduite devant juridiction civile.

Il s'agit pour les magistrats et les tribunaux de faire une application de cette loi. Pourquoi la Cour de cassation s'obstine-t-elle à aller rechercher les débats parlementaires et dire que cette loi n'est pas normative ? Elle dépasse ses fonctions. Il me semble que la Cour de cassation tente de faire échapper l'État français à la réparation. Car ce sera des millions.

La réparation, née de la qualification de crime contre l'humanité, s'impose. Cela est précisé dans la loi, et ce terme n'a pas été choisi par hasard. Le législateur, quand il a voté cette loi, savait bien. Choisir de qualifier le crime de crime contre l'humanité c'est ouvrir la possibilité de réparations.

Il faut tenir compte du temps écoulé depuis la promulgation de la loi, car la sociologie de la France a changé, l'Afrique a évolué et les Africains sont prêts et également à demander réparation.

Christiane Taubira a été une femme très courageuse.

Le crime a commencé depuis le 15e siècle, le crime est qualifié et daté et répond à une quête de reconnaissance. 15e siècle dans le texte de loi. Cette loi entre dans l'histoire et il ne faut pas dire du tout que c'est une simple loi mémorielle. Je ne sais pas où ce qualificatif a été recherché. À cause de la mention des livres d'histoires ?

Crime de lèse-humanité. Atteinte à la dignité humaine. Cette loi entre dans l'histoire et entre dans le cadre des lois de protection de la dignité humaine. Crime qui consistait à supprimer l'être humain même avant qu'il soit né.

La traite est-elle un génocide ? L'Afrique actuellement a un déficit de population extrêmement important et également dans son économie et son développement. Ce sont des milliers d'hommes et de femmes qui ont été arrachés à la terre d'Afrique. Il s'agit bien d'un génocide. Ils ont été déportés dans les cales des bateaux. C'est pourquoi on pense que ce sont les plus forts qui ont résisté au voyage et au mauvais traitement. Il faut que vous teniez compte des raisons pour lesquelles nous avons mis en cause l'État français. Il a reconnu le crime et il s'agit d'un plan concerté, comme pour le nazisme et les razzias de juifs. Plan concerté des exécutions sommaires massives.

Motifs raciaux. On a estimé que parce qu'ils étaient noirs, ils étaient des meubles et n'avaient pas la qualité d'humain. Traite de trois siècles abolie, l'article 44 du code noir permet la traite.

L'action que nous menons et qui s'appuie sur la loi du 21 mai 2001 et est une démarche de droit humanitaire. Elle naît du principe de droit des gens. Nous demandons que ce droit humanitaire soit appliqué à l'esclavage.

On a accepté des réparations dans le cadre de la Shoah.

Nous sommes venus de la Guyane, car elle a exactement la même situation que la Martinique, en plus loi 2001 vise également les populations amérindiennes qui ont été complètement décimées, il reste aujourd'hui 8000 Amérindiens et 6 nations. L'Europe a décidé de soumettre et dominer les peuples qui ne leur ressemblaient pas.

Je termine par une citation d'Aimé Césaire : les dominations passent, les nations… les peuples restent.
Citation exacte :

> *« Ma seule consolation est que les colonisations passent, que les nations ne sommeillent qu'un temps et que les peuples demeurent ».* (Aimé Césaire, *Discours sur le colonialisme*, 1950).

4. Sur l'expertise et le devoir de mémoire

4.1 Le mensonge sur le crime : la nécessité de sortir de l'oubli et la connaissance des conséquences dommageables du crime : l'expertise : Me Rose Lyne Robeiri

Monsieur Le Premier Président,
Mesdames de la Cour,

Dans votre rapport, Monsieur le Premier Président, vous avez rappelé l'un des éléments soulevés par les 1ers juges : *« Les faits ont pris fin en 1848 ».* Cette acception communément admise permet opportunément de ne pas regarder en face la réalité de cette période. Le crime commis, dont il est demandé réparation, débute par des razzias au XVIe siècle, mais ne prend pas fin en 1848.

L'abolition met en place un système qui laisse en réalité perdurer celui qui le précède. La période de 1830-1848 prépare l'abolition et elle est d'ailleurs perçue comme tournée vers ce but. Mais c'est également la période de la révision du Code Noir. C'est cette même période qui fixe le contenu d'un code pénal des esclaves qui ne tend absolument pas à leur libération prochaine.

L'abolition est en réalité précipitée par le mouvement en cours dans le reste de la Caraïbe et est motivée notamment, si ce n'est essentiellement, par des raisons économiques.

Le mensonge sur le crime est de ne considérer que les Africains déportés.

Le mensonge sur le crime est de ne pas décompter l'ensemble des enfants nés esclaves, réifiés par un code indigne.

Le mensonge sur le crime est de considérer que deux siècles de destruction de l'organisation sociale n'ont pas de conséquence encore aujourd'hui.

Le mensonge sur le crime est d'admettre qu'il a pris fin en 1848.

De constamment présenter cette abolition comme un cadeau à des choses, à des meubles (puisqu'ainsi qualifiés par le code noir) à qui on aurait, par une simple volonté immanente et subite, rendu leur dignité et leur humanité.

Alors que c'est en réalité le bourreau qui avait à recouvrer son humanité en arrêtant de nier celle de ces femmes et de ces hommes dont il avait décidé qu'ils ne seraient pas des êtres humains.

Cela explique que soit insupportable la présence dans l'espace public des statues glorifiant le bourreau, mais également celle rendant hommage à l'abolitionniste. Combien sommes-nous à avoir dû régulièrement, jour après jour, regarder ces statues, représentant un petit nègre, le regard levé vers son libérateur qui lui montre le bras levé, le chemin vers la liberté ?

Ces statues sont insupportables en ce qu'elles constituent une offense à ces hommes et ces femmes qui se sont battus avec rage, avec ferveur, avec constance, avec inventivité pour certains, pour sortir par eux même de cet État où on les avait réduits.

Donc 1848 ne met pas un terme au crime.

En réalité dans le même temps, le crime se perpétue par la réparation accordée aux criminels. Le crime se perpétue, car la victime reste au service du criminel. Le législateur organise un nouveau cadre puisque le code noir ne s'applique plus. Mais dès 1848, des mesures ont été prises pour maintenir l'ordre public et le travail sur les plantations.

Parce qu'il faut que la colonie continue à exister, il faut que les plantations continuent à être exploitées. Pas de réparation à l'Africain anciennement réduit à l'esclavage pour qu'il reste prisonnier de la plantation.

Pas de vagabondage.

Interdiction de manquer de respect à l'ancien propriétaire. Et puis l'injonction à l'oubli. Pour que l'ensemble tienne. Parce qu'une mascarade va consister à changer le nom des protagonistes, mais en réalité jouer la même pièce avec des variantes.

L'ancien colon propriétaire devient employeur. L'ancien esclave devient ouvrier citoyen. Dans son ouvrage « *De l'Oubli à l'Histoire — Espace et identité caraïbes* », Oruno Denis LARA dira :

> L'oubli à tous les coins de rue, debout, bras croisés, qui vous attend, vous inspectant des pieds à la tête, vous surveillant la mémoire, contrôlant votre cerveau.
> L'oubli qui se faufile au premier rang des spectateurs qui vous toisent, moqueurs, dès que vous sortez de la plantation et que vous cherchez quelque part où courir, où vivre, où mourir... loin des lieux du supplice, loin des lieux de torture...
> L'oubli invisible, armé d'une hache qui tranche les liens, un à un, qui vous retiennent à un passé qui vous colle à la peau.
> L'oubli qui vous tue à petit feu.

Sortir de l'oubli est une question de survie.

C'est une question de survie quand, en étant tout à la fois *« minorité visible »,* les descendants de ceux qui ont été réduits en esclavage sont sommés de se fondre, de se nier, de s'assimiler.

Et tout est fait pour. Car pour oublier le crime, on nie la réalité, voir même l'existence de ces descendants d'Africains réduits à l'esclavage. Le préjudice est pourtant vécu, encore aujourd'hui par chacun d'entre eux. Même par ceux qui en ont intégré l'oubli.

Ce procès est particulier, et je me suis rendu compte que nous sommes nombreux, si ce n'est tous ceux qui se trouvent du côté de cette barre, à utiliser le « nous ». Souvent avocat nous tentons de créer l'empathie, de nous joindre à notre client, pour peut-être émouvoir les juges.

Mais ici, il ne s'agit pas d'un nous de majesté, d'un nous pour créer l'empathie. C'est un nous d'appartenance. Jamais encore comme aujourd'hui, je n'ai eu le sentiment de faire corps avec mon client, de comprendre ses demandes et de vivre ses souffrances.

Nous parce que nous vibrons, nous comprenons et nous savons ce que vivent les requérants.

NOUS avons tous une généalogie tronquée qui débute avec un acte d'affranchissement, mais nous laisse orphelins de toute autre ascendance. Alors que ne cesse de se multiplier les sites permettant de retracer sa lignée et d'identifier ses ancêtres, que nombreux sont ceux qui en Europe peuvent se vanter de leurs illustres ancêtres. Nous en sommes exclus.

Pour nous il est définitivement impossible de rattacher notre lignée à celle de nos ancêtres déportés.

NOUS ne pouvons pas nous permettre d'entrer dans n'importe quel salon de coiffure à Paris et prétendre à être coiffés. Parce que voyez-vous la formation de coiffeur ne comprend pas celle de la spécificité de nos cheveux. Nous n'existons pas. Les descendants de ces Africains réduits en esclavage n'existent pas.

De se rendre compte que ce n'est que récemment, par un mouvement commun à tous ces descendants de par le monde, que nous acceptons nos cheveux tels qu'ils sont avec leur beauté, sans céder aux diktats de les lisser pour qu'ils soient tels que ceux des anciens propriétaires. (Seuls jusque-là qualifiés de professionnels).

Que ce n'est également que récemment qu'en tant que femme noire, nous pouvons avoir à notre disposition des produits de beauté qui correspondent à notre teint et à la multiplicité de ses nuances.

De même pour les spécificités de notre peau que ne prennent pas en compte les tableaux de diagnostic des dermatologues et telle maladie sera repérée précocement si votre peau est blanche ! Mais si elle est noire… ?

Il faut sortir de l'oubli, car si nous sommes censés appartenir à une nation, le récit national nous oublie.

Il faut sortir de l'oubli qui a été orchestré, intégré.

De ces phrases entendues, répétées, acceptées :

« Passons à autre chose ! »

« C'est du passé, il faut en finir ! ».

Et nombreux sont ceux qui se sont soumis à cette injonction.

Au point que nombreux là aussi sont ceux qui ont longtemps tu les petites et grandes humiliations subies en notre qualité même de descendants d'africains réduits en esclavage.

Parce que les mêmes stéréotypes insultants perdurent. L'oubli imposé est une gangrène. Cet oubli imposé crée un nouveau préjudice qui ne cesse de se renouveler. C'est cet oubli qui fait de nous des êtres schizophrènes. Comme au mouvement « Me to » à qui on n'oppose « pas *tous les hommes* », nous n'intégrons « pas *tous les blancs* ». Et pour ne pas leur faire de peine, nous nous taisons.

Les petites humiliations vécues au quotidien sont ravalées, car parler se serait prendre une posture de victime et s'y complaire.

Alors qu'il s'agit de rétablir un fait, nous ne sommes pas une minorité visible, nous sommes des êtres humains qui s'avèrent être différents par la couleur de leur peau. Mais les stéréotypes mis en œuvre à l'époque de l'esclavage nous sont encore attachés. On ne peut plus se contenter de dire, c'est du passé, n'en parlons plus. Les conséquences du crime perdurent à ce jour et voire même se renouvellent sans cesse.

Le législateur en a parfaitement conscience. Alors que le décret de 1848 faisait des Africains mis en esclavage des citoyens français, la loi du 28 février 2017 de programmation relative à l'égalité réelle en Outre-Mer en était en son article 1er, à préciser que « La République reconnaît aux populations des Outremers le droit à l'égalité réelle au sein du peuple français ».

C'est en raison de tout ce qui précède que les requérants soutiennent la nécessité que soit ordonnée une expertise, afin que soit établie la réalité des dommages qui résultent de la déportation des Africains réduits à l'esclavage, et de la persistance des conséquences pour leurs descendants, encore à ce jour.

La procédure engagée pour obtenir une juste réparation est longue. Elle a débuté il y a 16 ans, alors que je prêtais serment. Peut-être que l'aboutissement ne sera pas la décision qui sera rendue par votre Cour. Mais aujourd'hui encore de jeunes confrères prêtent serment. La route est peut-être encore longue, mais nous n'arrêterons pas. Le combat est long, c'est celui de la dignité. La dignité restaurée des Africains déportés, réduits en esclavage, et celle de leurs descendants.

Comme le dit un proverbe : *Jou ouvri pou nou tout. Lannuit pé long, jou ouvri kenmèm*. (Le jour se lève pour nous tous ! La nuit peut être longue, le jour se lève quand même.

Maître Rose-Lyne Robeiri Avocat au Barreau de la Guyane, Plaidoirie du 11 octobre 2021[12]

---

[12] Texte en partie écrit, en partie remémoré.

4.2 L'oubli : impératif affirmé de l'abolition et l'expertise comme droit de créance sur l'État dans le devoir de mémoire.

Me Barnabé G. Gbago

Plaise à la cour

Les présentes sont prises à l'effet de présenter à la Cour, un exposé ample et discursif des faits de la cause ainsi que les moyens pertinents devant lui permettre de rendre une bonne et saine décision.

À cette fin, il importe de rappeler les faits et la procédure avant de discuter les moyens invoqués.

Rappel des faits et de la procédure

Par acte en date du **30 mai 2005**, le Mouvement International pour les réparations en Martinique (M.I.R), le Conseil Mondial de la Diaspora Pan Africaine (C.M.D.P.A) et les descendants des victimes de la traite négrière et de l'esclavage, se fondant sur la loi TAUBIRA, ont assigné l'Etat français par-devant le Tribunal de Grande Instance de Fort-de-France.

Cette action a pour objet d'obtenir l'évaluation des préjudices matériels subis par le peuple martiniquais après la reconnaissance par l'Etat français de la traite négrière et l'esclavage comme un crime contre l'humanité.

Par jugement en date du 29 avril 2014, le Tribunal, après avoir déclaré recevable leurs actions, a d'une part, rejeté l'action des associations pour défaut de préjudice personnel du fait de ce crime et de défaut de demande de réparation financière, et d'autre part, rejeté l'action des intervenants, personne physique, pour prescription de l'action, défaut de justification d'un préjudice personnel et actuel rattaché au préjudice subi par leur ancêtre victime de ce crime.

Contre ce jugement, les appelants ont interjeté appel. Ledit jugement a été déjà déféré une première fois à la sanction de la Cour d'appel de Fort-de-France, cette dernière a rendu l'arrêt n° 01/639 du 17 décembre 2017 dont le dispositif a été ainsi libellé :

> Par ces motifs
> Statuant à nouveau de ce chef ;
> La cour,
> Confirme en toutes ses dispositions le jugement déféré, sauf en ce qu'il a été rejeté les demandes des appelants-personnes physiques pour leurs demandes présentées en qualité d'ayants droit ;
> Statuant à nouveau de ce chef ;
> Déclare irrecevables comme prescrites les demandes présentées en qualité d'ayants droit ;
> Condamne les appelants aux dépens qui seront recouvrés conformément aux dispositions de l'article 699 du code procédure civile.

Il sied d'en discuter.

La discussion tournera d'une part sur la question de l'oubli comme impératif affirmé de l'abolition (**I**) et d'autre part sur la question de l'imprescriptibilité des crimes contre l'humanité que sont la traite négrière et l'esclavage (**II**).

I. L'oubli : impératif affirmé de l'abolition

En la présente affaire, si « *l'oubli* » doit être pris sous l'assertion de « *manque de souvenir* », on se posera les questions de savoir :

- Comment cet oubli se manifeste-t-il ?
- Quel est l'intérêt de cet oubli ?
- À qui l'oubli serait-il profitable ?

Nous répondrons à ces questions qui se révèlent être cruciales dans la présente cause.

1. Sur les manifestations de l'oubli

L'oubli dans lequel tombe l'histoire de la traite négrière et de l'esclavage s'opère dès les lendemains de leur abolition en 1848.

En effet :

- Les ports négriers les dissimulent, les sociétés esclavagistes ne veulent plus en entendre parler ;
- Il n'y a aucune collecte de témoignages auprès des affranchis ;
- Les élites de « couleur », jugeant ce passé honteux et humiliant, cherchent à faire l'impasse sur cette expérience de l'inhumanité ;
- La France, sciemment, occulte des pages d'histoire qui ne participent pas au progrès inéluctable qu'elle promeut ;
- Il n'y a pas de rappel public de cette histoire ;
- Les discours des élus des sociétés post-esclavagistes ne font jamais référence à l'esclavage ;
- Il n'existe pas de monuments nationaux faisant référence à la période de la traite négrière et de l'esclavage.

Cette liste des manifestations de l'oubli dans lequel sombrent les actes de la traite négrière et de l'esclavage au lendemain de leur abolition n'est pas exhaustive.

Il ne faudrait pas aussi occulter que la culture de l'oubli avait déjà commencé avec les esclaves pendant la traite négrière elle-même en Afrique. L'exemple palpable est celui des esclaves déportés du Dahomey par le port de Ouidah. Ces esclaves, pour tout oublier en ce qui concerne leur personne et leur origine, tournaient autour d'un arbre appelé « *l'arbre de l'oubli* » avant d'embarquer sur le navire négrier.

Il y a lieu de constater que grâce à de nombreuses circonstances, l'amnésie a été pendant longtemps utilisée comme méthode pour favoriser l'oubli des actes perpétrés lors de la traite négrière et de l'esclavage.

2.Sur l'intérêt de cet oubli

Beaucoup de guerres, de conflits ont marqué l'histoire de l'humanité. Pour ceux qui, bien heureusement, se sont soldés par la paix et la réconciliation, ils ont nécessité une phase de dialogue entre les belligérants qui ont, à un moment donné, eu le courage d'être confrontés aux actes commis, de s'expliquer devant des juridictions et dans certains cas, de demander pardon.

La fin du système de l'Apartheid en Afrique du Sud en est l'exemple palpable, qu'il est évident que l'oubli n'a pas été la solution imposée pour aboutir à cette paix. Bien au contraire, les vérités concernant les atrocités commises ont dû être dites et les personnes impliquées mises devant leurs responsabilités et c'est à l'issue de ce processus que les protagonistes d'hier que tout opposait ont pu entamer le chemin d'une cohabitation salutaire, même si elle demeure encore perfectible.

La traite des esclaves et l'esclavage ont été un traumatisme historique dont les conséquences sur le psychisme des Africains n'ont jamais été suffisamment étudiées.

L'oubli, invoqué comme l'impératif affirmé de l'abolition, ne recèle aucun intérêt dans le cas présent quand on sait qu'aujourd'hui, la liberté d'expression est l'un des droits fondamentaux de la personne humaine.

Cet oubli apparait, d'ailleurs, comme une imposition savamment orchestrée tendant à pérenniser la domination des maîtres d'autrefois, qui après l'abolition de la traite négrière et de l'esclavage, cherchent à bâillonner leurs anciens esclaves pour faire passer sous silence les atrocités perpétrées.

La France a du mal à reconnaître ce crime contre l'humanité, car pour ce faire, il faut en accepter la responsabilité et les conséquences ; qu'on peut comprendre pourquoi l'auteur d'un crime veut oublier : un malaise plane au-dessus de la tête de ceux qui commettent des crimes contre l'humanité.

Il y a lieu de dire que l'Afrique postcoloniale n'a jamais, non plus, surmonté le traumatisme sur son propre continent ainsi que dans les diasporas aux Caraïbes et en Amérique.

En Afrique et dans le monde entier, la traite des esclaves et l'esclavage dans les plantations n'ont jamais été reconnus pour ce qu'ils étaient : *un génocide*, *un holocauste*, *le déplacement de populations d'une ampleur historique et géographique inédite* ; que c'était *le nazisme avant Hitler*, pour emprunter l'expression d'Aimé Césaire dans son discours sur le colonialisme !

C'est à juste titre que Françoise VERGES dans son article intitulé « Les troubles de la mémoire » affirmait que :

> Le passé doit être revisité pour devenir mémoire. Dans le cas de la traite et de l'esclavage, le passé reste comme suspendu, peu connu. Rien n'est vraiment oublié, rien n'est vraiment remémoré. Le passé investit le présent avec d'autant plus de force qu'il est incertain, avec des dates floues et faits vagues. L'appel à la mémoire vient combler l'absence du passé dans les récits et le discours social.

3. Sur celui à qui profite cet oubli

Au regard des actes inhumains et dégradants dont ont été victimes les esclaves lors de la traite négrière et de l'esclavage (*qualifiés par la loi Taubira de crimes contre l'humanité*), il est plus qu'évident que le manque de souvenir ne saurait être profitable aux descendants d'esclaves qui réclament la réparation des préjudices subis.

En effet, lors de la traite négrière et de l'esclavage, les esclavages étaient inscrits comme « *meubles* », faisant partie des objets constituant la fortune et l'héritage d'un individu au même titre que ses tables, ses chevaux et ses chaises ; que l'esclave des champs était immeuble par destination. Il subissait une « *mort sociale* », pour reprendre les mots d'Orlando Patterson. Ainsi, l'abolition mettant fin à ce commerce, les anciens maîtres ont été dédommagés parce ce qu'on a estimé que l'affranchissement des ex-esclaves représentait pour eux des pertes.

L'article 2 de l'Ordonnance royale de Charles X du 17 avril 1825 disposait :

> Les habitants actuels de la partie française de Saint-Domingue verseront à la Caisse des dépôts et consignations de France en cinq (5) termes égaux d'année, le 1er échéant au 1er/12/1825, la somme de 155 000 000 de francs destinés à dédommager des anciens colons qui réclament une indemnité.

Qu'en serait-il alors des préjudices subis par les esclaves qui pendant longtemps, à cause de la couleur de leur peau, ont été réduits à la valeur d'un bien ? De tous ces noms de maîtres d'esclaves dont ces derniers ont hérité (ex. : Malcom X aux États-Unis) ?

S'il est vrai que la France, au travers de la loi Taubira de mai 2001, déclare la traite négrière et l'esclavage, crimes contre l'humanité, et propose des recommandations y afférant, il n'en demeure pas moins vrai que la réparation demeure une question primordiale pour les victimes ou leurs ayants-droit.

Tant que la question de la réparation ne sera pas traitée, on ne saurait et on ne pourrait oublier cette période sombre de l'histoire de l'humanité dont les peuples africains ou d'origine africaine et autres portent encore les séquelles du changement de leur identité et de leur origine au travers de ses noms d'origine non africaine que portent ses membres tels que les illustres Malcom X, Aimée Césaire, Martin Luther KING, Frantz FANON, etc.

Cet état de choses représente un préjudice direct parmi tant d'autres déniés aux parties civiles à ce procès.

D'ailleurs, c'est à juste titre que l'article 1382 du Code civil dispose que « *tout fait quelconque de l'homme qui cause à autrui un dommage oblige celui par la faute duquel il est arrivé à le réparer* ».

Aussi d'autre part, on ne saurait opposer le refus d'oubli à la seule satisfaction de la demande de réparation des préjudices subis par les esclaves.

En refusant l'oubli qu'on cherche à imposer, les victimes visent également un objectif plus noble qui est celui de faire inscrire dans la mémoire collective, les actes commis, et ce, non pas pour demeurer dans un état de victimisation permanent, mais pour empêcher que de tels actes ne se reproduisent dans l'avenir et aussi pour éradiquer complètement les différentes formes nouvelles d'esclavage en cours actuellement.

En définitive, l'oubli ne saurait être un impératif de l'abolition de la traite négrière et de l'esclavage, car il ne présente aucun intérêt pour l'humanité en dépit des atrocités commises ; que bien encore, il ne serait d'aucun bénéfice pour les parties civiles impliquées, surtout pour les victimes et leurs ayants droit qui ont droit à une réparation subséquente du fait des préjudices subis !

Ainsi donc, loin de se limiter à la seule reconnaissance des actes comme crimes contre l'humanité, l'expertise demandée par les appelants est un droit de créance sur l'État dans le devoir de mémoire qu'on ne saurait leur contester.

II. L'imprescriptibilité des crimes contre l'humanité : traite négrière et esclavage

Dans les décisions précédentes, les juges ont prononcé l'irrecevabilité pour cause de prescriptions, des demandes présentées en qualité d'ayants droit.

Ces décisions tendent à réduire les réparations matérielles et morales à la portion congrue de la commémoration de l'abolition dudit crime. Son indemnisation morale et matérielle conséquente, à la charge de l'État français, ne peut être réalisée sans être déterminée. C'est pourquoi en amont à la réparation/finance les demandeurs et intervenants demandent que le défendeur débourse deux cents milliards d'euros au titre de **provision sur les frais d'expertise** outre la somme de cinq mille (5 000) euros sur le fondement de l'article 700 du CPC.

La première juridiction saisie, après avoir déclaré recevables leurs actions, a rejeté :

A. L'action des associations pour défaut de préjudice personnel du fait de ce crime et **de défaut de demande de réparation financière.**

B. L'action des intervenants, personne physique, pour :

- **Prescription de l'action.**
- Défaut de justification d'un préjudice personnel et actuel rattaché au préjudice subi par leur ancêtre victime de ce crime.
- Ne pas ouvrir droit à l'action de la postérité des victimes de ce crime tirée de l'effet boule de neige des conséquences préjudiciables imprescriptibles de ce crime.

En décidant comme ils l'ont fait, il s'agit d'une mauvaise appréciation des faits de la présente cause ainsi qu'il va être démontré par les moyens de :

–L'inapplicabilité des dispositions pénales, à l'examen de la présente cause.
–La violation de la Déclaration universelle des droits de l'homme et des peuples.

1. L'inapplicabilité des dispositions pénales à l'examen de la présente cause

Les juridictions de fond se fondent sur des dispositions pénales pour examiner les prétentions des parties ainsi qu'on peut le relever dans l'arrêt attaqué :

– Page 11, paragraphe 3, 3e et 4e ligne : « ainsi que du **principe de non-rétroactivité de la loi pénale plus sévère** » ;

– Page 17, paragraphe 1er, 1re ligne : « 5 –De surcroit, en son article 121-2, le Code pénal pose le principe de l'irresponsabilité de l'État (…) ».

Les prétentions des demanderesses et intervenants physiques prennent leur source dans la reconnaissance de la traite négrière et l'esclavage comme **crime contre l'humanité, de la loi TAUBIRA. Elles ne sont point issues d'actions accessoires à des actions pénales.** Les prétentions à l'examen ne sont donc pas justiciables des dispositions pénales. **Il y a fausse application de la loi** et la décision qui en fait l'objet en court donc infirmation.

Il y a donc lieu d'annuler le jugement attaqué de ce chef.

2. La violation de la Déclaration universelle des droits de l'homme : L'insuffisance des deux branches

a. La recevabilité de l'action des associations et de leur rejet pour défaut de préjudices et de demandes financières.

L'arrêt attaqué a déclaré : « Confirmes-en toutes ses dispositions le jugement déféré, sauf en ce qu'il a été rejeté les demandes des appelants-personnes physiques pour leurs demandes présentées en qualité d'ayants droit ».

Or, le jugement à lui déféré a décidé que :

- L'action des associations et des intervenants-personne physiques est recevable ;
- Rejette l'action des associations pour défaut de préjudice personnel du fait de ce crime et de défaut de demande de réparation financière,
- Ne pas ouvrir droit à l'action de la postérité des victimes de ce crime tirée de l'effet boule de neige des conséquences préjudiciables imprescriptibles de ce crime.

En rejetant pour défaut de préjudice personnel ou non l'action reçue, les juges dénient aux demanderesses **le défaut d'intérêt, le défaut d'agir,** lesquels sont sanctionnés par une fin de non-recevoir.

Il s'agit d'une sanction exceptionnelle qui dispense la juridiction saisie d'un examen sur le fond.

Rejeter la demande des requérants pour éviter la pérennité des réparations, c'est faire litière du principe de l'autorité de la chose jugée relative aux conséquences de la traite négrière et de l'esclavage.

Il y a manifestement contradiction entre la reconnaissance consciente du crime et la volonté manifeste de ne pas réparer toutes les conséquences. Il y a donc lieu d'annuler la décision attaquée de ce chef.

b. L'irrecevabilité de la demande des intervenants-personnes physiques pour prescription de leurs prétentions

La Cour d'appel en réformant le jugement attaqué devant elle reconnaît aux ayants droit leur patrimoine successoral du fait de ce crime, mais a **déclaré prescrites leurs actions.**

Il est indéniable qu'avant et après l'abolition des esclaves, ils étaient des **meubles, propriétés des esclavagistes.** Le code noir et l'attribution de la citoyenneté française ne leur accordaient aucun droit civil bien au contraire, **la supériorité blanche était omniprésente et omnipotente.**

Les préjudices faits aux ancêtres des demanderesses qui prennent leur source dans loi Taubira **ne pouvaient être déterminés avant et les réparations évaluées.**

Les réparations, corollaires légaux desdits préjudices, sont soumises à la prescription trentenaire de l'indemnisation.

Il y a ici aussi une contradiction entre la reconnaissance consciente du crime et le refus manifeste de le réparer. De ce chef, il y a lieu d'annuler la décision attaquée.

Au total, les deux branches aboutissent aux mêmes conclusions, **le refus de réparer les préjudices causés aux demanderesses en violation des droits universels des Droits de l'homme**.

Les Conventions de 1926 et le Pacte additionnel de 1953 sur l'esclavage ont qualifié les actes de traite négrière et d'esclavage comme une atteinte à la dignité de la « famille humaine ».

Cette internationalisation concerne aussi bien l'incrimination que la sanction.

Les crimes internationaux que sont les crimes contre la paix, les crimes de guerre et les crimes contre l'humanité sont imprescriptibles selon la convention de l'ONU de 1968 et la convention européenne de 1974.

La victime perd toute individualité et se trouve réduite à une identité collective (c'est-à-dire appartenant à un groupe racial, ethnique, religieux ou biologique) ; que c'est le crime contre l'humanité au sens le plus fort du terme !

Selon Mireille Delmas-Marty, à la page 419 de son ouvrage intitulé « Les grands systèmes de politique criminelle » publié à PUF-Thémis :

> Sont considérés comme responsables les États ou les gouvernements qui commettent des actes qui constituent un crime selon le droit international, sans que la non-discrimination en droit national de cet acte puisse le justifier pour autant ; en outre sont exclus les faits justificatifs tirés de la notion d'acte d'État ou d'actes accomplis sur ordre du gouvernement ou commandement de l'autorité légitime.

En déclarant prescrites les prétentions des intervenants-personnes physiques, les juges semblent oublier qu'avant et après l'abolition des esclaves, ils étaient des meubles, propriétés des esclavagistes ; que le code noir et l'attribution de la citoyenneté française ne leur accordaient aucun droit civil, car la supériorité blanche était omniprésente et omnipotente.

Les préjudices faits à leurs ancêtres qui prennent leur source dans la loi Taubira ne pouvaient être déterminés avant, et les réparations évaluées. Les réparations corollaires légaux desdits préjudices sont soumises à la prescription trentenaire de l'indemnisation.

Il y a une flagrante contradiction entre la reconnaissance consciente du crime et le refus manifeste de le réparer.

Par ces motifs

Tous autres à suppléer ou à déduire d'office s'il échet ;

En la forme,

Déclarer recevable la présente action en appel des appelants ;

Au fond,

Infirmer totalement le jugement attaqué en toutes ses dispositions ;

Évoquant et statuant à nouveau

Déclarer bien-fondées, les demandes exprimées par les appelants ;

Faire droit aux demandes des descendants d'esclaves, personnes physiques et personnes morales ;

Ordonner par décision Avant-Dire-Droit, une expertise d'évaluation des préjudices subis par le peuple martiniquais dont les frais seront à la charge de l'État ;

Condamner l'État français à verser une provision à hauteur de DEUX CENTS MILLIARDS d'EUROS gérée par le département et la région en attendant la constitution d'une fondation ;

Condamner l'État français à verser la somme de CINQ MILLE EUROS sur le fondement de l'article 700 du Code de procédure civile ;

Condamner les intimés aux frais de la procédure.

SOUS TOUTES RÉSERVES

Et ce sera justice

II. Audience du mardi 12 octobre 2021

5. Sur la réparation

5.1 Les conséquences psychiques et psychologiques de la traite et de la mise en esclavage : Me Evita Chevry

Plaidoirie Me Evita CHEVRY
Procès sur les réparations des 11 et 12 octobre 2021
À la Cour d'appel de Fort-de-France

Et l'HISTOIRE se leva !

Le temps était enfin venu !

Elle se voulait officielle ! Et c'est d'un pas officiel qu'elle alla à la rencontre…

C'est vrai que sur cette tragédie que l'on appelle l'esclavage et la traite transatlantique, elle a posé longtemps, longtemps, longtemps des silences repus, gavés de lâcheté, de préjugés, de connivences, de connivence avec la race, de connivence avec l'État, de connivence avec le système.

C'est vrai qu'elle a parfois titubé le long des siècles, hésite, puis elle a repris ses certitudes.

L'histoire était portée effectivement par des hommes qui ne pouvaient pas être neutres, des hommes qui, comme disait Paul Ricœur font des jugements d'importance : mettre en lumière certains faits, mettre dans l'ombre d'autres faits.

Et c'est vrai, je ne peux pas le nier, que l'esclavage et la traite transatlantique sont nés de l'obscurité des âmes de l'homme et qu'elle ne pouvait choir que dans l'obscurité des mémoires.

Et puis est venu le temps des abolitionnistes !

L'esclavage n'est pas une atteinte à la dignité, disent-ils. L'esclavage est un attentat !

Le décret du 27 avril 1848 dit ceci « attentat contre la dignité humaine en détruisant le libre arbitre de l'homme il supprime le principe naturel des droits et des devoirs ».

Les abolitionnistes dans cette définition annoncent déjà le concept de crime contre l'humanité ; puisque Anna Arendt retiendra le fait que le crime contre l'humanité est la suppression d'avoir des droits et des devoirs.

Et tous les textes internationaux feront de l'atteinte à la dignité l'axe central, mais aussi, vous le noterez, ils feront référence directement au droit naturel.

Le droit naturel est indépendant du temps et de l'espace.

Selon Kant, il existerait des formes a priori de la sensibilité, des données immédiates à l'homme qui sont appréhendées et perçues sans avoir besoin de démonstration, tel l'espace, tel le temps.

Or, le droit naturel est indépendant du temps et de l'espace donc indépendant de ces données immédiates. C'est dire comment ce droit participe du transcendantal, du fondement même de l'être.

On ne peut pas imaginer quand on fait référence au droit naturel, même une seule seconde, que le crime décrit comme un attentat puisse être prescriptible. Il ne peut être qu'imprescriptible parce qu'il est indépendant du temps et de l'espace.

Mais le mot « attentat », il faut s'y arrêter.

Ce mot « attentat » explosait et c'était là, la volonté des abolitionnistes, ils voulaient parler au monde !

Ce mot explosait à la face du monde, ce mot qui disait l'indicible ! Ce mot qui disait les bateaux qui crachaient ces hommes et ces femmes habités seulement du manque, de la perte, du désespoir, des rêves de retour dans un fatras d'âmes, de corps et de cœurs mêlés à la folie de l'homme qui repartait d'un même mouvement comme frappé d'une nécessité, nécessité de détruire cent fois la vie sans quoi sa propre existence n'avait plus de sens.

Malheureusement, ce mot magnifique des abolitionnistes de 1848 n'enflamma que les rédacteurs de l'acte du décret.

Car évidemment, comme il a été dit depuis le début des plaidoiries, ce mot magnifique a été accompagné de l'indemnisation des anciens maîtres.

C'est vrai que les abolitionnistes n'étaient pas les premiers à rejeter l'esclavage et la traite transatlantique. Donc, le péché d'anachronisme qui est souvent opposé, à ceux qui réclament réparation, ne tient pas le raisonnement, le Professeur Sala Molins dans un superbe ouvrage sur une lettre écrite par des capucins au 17e siècle adressée au Pape, rappelait que ces capucins demandaient l'arrêt immédiat de cet esclavage parce que, non seulement il s'agissait d'un crime odieux, mais aussi parce que disaient-ils « plus vous tarderez à réparer le préjudice que vous avez fait à ces hommes et à ces femmes et plus les dommages seront importants à travers les générations ».

Et c'est vrai aussi que l'esclavage sur le sol français était interdit. Ne l'oublions jamais !

Alors on peut se demander pourquoi ces abolitionnistes ont-ils tant tenu à dire que ce n'était pas une atteinte, mais un attentat, tout en accompagnant le mot d'attentat de l'indemnisation des maîtres.

Peut-être parce qu'ils tenaient, en qualifiant cet esclavage, à laisser une trace tout de même de leur idéal comme s'ils voulaient tatouer cet idéal sur les pages de l'HISTOIRE. Idéal qu'ils savaient être en train, en même temps, de sacrifier à des intérêts de pure politique.

Et puis est venu le temps d'après.

Le temps de l'inévitable oubli

On a beaucoup parlé, Monsieur le Président, mesdames de la Cour, de l'oubli depuis hier, l'oubli salvateur pour les anciens maîtres, car l'image du nègre sauvage, la bave aux lèvres, armé de sa vengeance et d'acier étincelant rongeait la tranquillité des nuits des anciens maîtres.

Ils croyaient entendre de la bouche de ces hommes, dévorés selon eux, par la haine les vers du poète Guadeloupéen Guy TYROLIEN que ce dernier n'écrira qu'au 20e siècle « Nous unirons nos voix en un bouquet de cris à briser les tympans de nos frères endormis ».

Et oui ! Les maîtres avaient peur !

Il faut aussi envisager cela : le vivre ensemble ! Comment vivre ensemble ?

L'HISTOIRE qui avait besoin de légitimer son silence pendant des siècles, trouva la légitimité dans la honte, dans la honte qu'éprouvaient les esclaves, car le remodelage des corps, des esprits avait été remarquablement fait. Il suffisait de distiller, il suffisait d'activer le feu de la honte, la honte d'avoir été victime et L'HISTOIRE pouvait ainsi poser son regard ailleurs.

L'HISTOIRE rapporta donc que les Africains réduits en esclavage avaient choisi de tout effacer, ils voulaient simplement reprendre la vie là où elle les avait laissés, mais L'HISTOIRE ne savait pas que son monde ne lui appartenait plus.

Et est venu le temps des SACHANTS : psychologues, psychiatres, sociologues, historiens modernes, médecins, généticiens.

Ils ont envahi le champ de son autorité, tous piétinaient ses certitudes, ses silences, ses refus.

C'est au 19e siècle que la notion de traumatisme apparait.

Ils parlaient de traumatisme culturel. On pouvait ainsi martyriser une culture et abîmer définitivement des groupes, des peuples entiers et non pas seulement une personne individuellement.

Et le voile que l'histoire avait posé sur ces tragédies de l'esclavage et qui faisait de tous des aveugles ou des sourds aux vomissures de vie qui débordait les siècles, se fendilla, se déchira !

Et les SACHANTS alors de poser la seule question qui importe : avaient-ils le choix ?

Avaient-ils le choix les Africains réduits en esclavage d'oublier ou de faire semblant d'oublier ?

Ceux qui n'ont connu comme nourriture première que l'humiliation publique le jour et la nuit quand le cri des femmes traversait les parois de leurs rêves.

Ceux qui ont perdu le sens d'eux-mêmes qui véhiculaient les stéréotypes les plus dévalorisants, et agissaient comme on s'attendait à ce qu'ils agissent et qui claquaient la langue sur les proverbes et les blagues grouillant de mépris vis-à-vis des noirs.

Ceux qu'on appelait les sans-noms, et qui, un jour, à force de voir la peau brulée sous un soleil noir, ont déposé genou à terre, et accepté, et accepté leur infériorité, et accepté la supériorité du maître blanc, et l'on fait sienne, comme une deuxième peau, plus protectrice. Évidemment, les brulures du temps ravivaient les douleurs de ceux à qui on avait appris à se haïr, à qui on avait appris à haïr tous ceux qui leur ressemblaient.

Ceux qui en fait vivaient exclusivement dans le regard du maître blanc avaient-ils le choix ?

Et L'HISTOIRE de répliquer : on leur a offert l'école, on leur a offert l'éducation ! L'école avec les valeurs républicaines : l'égalité c'est la meilleure des réponses.

Les SACHANTS ne purent s'empêcher de s'arrêter sur le mot « égalité » ! égalité dans une république coloniale ? Égalité dans une république fondée sur la hiérarchisation de la société martiniquaise ou guadeloupéenne sur la race ? Égalité, dites-vous ?

Pensez-vous que votre école suffira à guérir cette peur permanente d'être frappé à mort, ce sentiment d'impuissance de ne pas pouvoir échapper à sa condition ? Sentiment d'être dans une cage de verre qui ne vous quitte jamais et forcé de frapper à chaque instant aux parois du jour pour tenter l'évasion, mais ne jamais y arriver. Comme ces insectes prisonniers, qui tournent en rond et semblent interroger le ciel d'une unique question : pourquoi tant de cruauté ?

Qu'avez-vous proposé pour endiguer la détresse absolue que laissait le « menticide » dans les âmes ? Sinon une dépendance encore plus absolue ! Le « menticide » diront les SACHANTS est le viol silencieux du mental, de l'esprit par pénétration et perpétuation d'une culture étrangère dans le but de détruire ou de manipuler.

Alors les SACHANTS répondirent d'une voix ferme : vous vous êtes trompés, il ne s'agissait pas d'oubli, il s'agissait de déni c'est-à-dire d'un refus de se souvenir.

Mais L'HISTOIRE ne désarmait pas : nous en avons fait de vrais citoyens français, l'assimilation !!! Nous leur avons offert une nouvelle histoire, nous leur avons donné nos héros ! Nous étions contraints, c'est évident, à rompre tout lien avec l'Afrique.

Les SACHANTS : il y a longtemps qu'ils avaient ôté le « nous » entre l'Histoire officielle et l'État. Le « nous » qui était effectivement étrange, mais qui ne surprenait personne.

En faisant cela, vous avez renforcé la perte de l'estime de soi surtout quand on sait que l'estime de soi est une construction et qu'on sait le rôle essentiel du rapport à la mère dans cette construction, le rapport à la mère pendant l'esclavage parlons-en !

En fait, vous avez refusé de combler le vide que vous avez créé en eux.

Pour les reconstruire, il fallait qu'ils sachent ce que l'Afrique avait découvert, ce que l'Afrique avait inventé, ce que l'Afrique avait créé.

Hier, on a beaucoup parlé de la charte du Manden, première déclaration des droits de l'homme qui a aboli l'esclavage dans l'empire du MALI.

Il fallait qu'ils sachent que l'Égypte pharaonique était noire. Ce n'était pas un travail à faire, c'était une mission.

Le MACT, le fameux MACT en Guadeloupe, dont l'État se vante tellement pour dire, mais voilà ! voilà le travail que nous faisons pour réparer et d'ailleurs le président de la région quand il a inauguré le MACT aux côtés de François Hollande a rappelé que le MACT avait pour but de refaire le lien, de retisser le lien avec l'Afrique.

Ce MACT est l'expression même de notre handicap à prendre conscience à travers notre propre regard de la réalité.

On circule dans le MACT, Monsieur le Président Mesdames de la Cour, dans la pensée occidentale de l'esclavage.

Vous commencez le mémorial par quatre grands panneaux qui s'animent quand vous leur faites face ; s'il y a une chose que votre cerveau retiendra, c'est bien cela, ces grands panneaux qui s'animent avec des acteurs connus. Et quand parmi les quatre grands panneaux, il y a deux panneaux sur lesquels apparaissent des personnages totalement inconnus qui ont été dénichés on ne sait où, tel un Jean Garrido dont personne n'a jamais entendu parler.

La manipulation est grossière.

Que disent ces noirs inconnus : nous aimons Colomb ! Colomb c'était quelqu'un d'extraordinaire ! Et nous avons d'abord effectivement exterminé avec Colomb les Indiens !!

Je me souviens de ma première visite au MACT, il y avait un petit garçon de dix ans à côté de moi, il dit à sa mère « Ah ! Si je comprends bien c'est les noirs qui ont détruit les Indiens ! »

Voilà la réalité du MACT.

La réalité du MACT, c'est de dire, Mr le Président, mesdames de la cour que de toute façon il y a toujours eu l'esclavage et qu'il n'y a pas eu de différence entre les esclavages

Et la charte du Manden au plafond en lettre de quatre centimes !!!!!!

Il ne faut surtout pas que les enfants sachent que l'empire du Mali avait aboli l'esclavage !

Ceux qui ont conçu l'exposition permanente du MACT et les élus politiques régionaux qui ont contrôlé puisqu'ils ont financé savent qu'il y a une différence fondamentale entre l'esclavage et l'esclavage de la traite transatlantique.

Ils savent que la différence fondamentale c'est que cet esclavage se fonde sur la hiérarchisation des races, sur la supériorité de la race blanche vis-à-vis de la race noire.

Dans l'antiquité, les esclaves pouvaient avoir toutes les couleurs de peau et nul ne l'ignore !

Encore un autre exemple pour vous montrer à quel point nous circulons dans la pensée de l'autre.

Vous entrez dans une salle où il y a un grand écran, Bartholomé de Las Casas vient voir le pape et lui dit :

Je me suis trompé, c'est vrai que j'ai été à l'origine de l'esclavage des noirs parce que je pensais que les Indiens avaient une âme et qu'ils souffraient trop et qu'ils n'avaient pas le physique pour supporter toutes ces privations.

Et c'est vrai que c'est moi qui ai demandé cela

Mais maintenant, je suis rongé par le remords.

Et je pense que les noirs aussi ont une âme.

Et le pape de répondre :

Ah non ! Bartholomé, désolé, les Indiens, je veux bien, on vous a suivi, mais pour les noirs, non seulement ils n'ont jamais rien inventé, mais ils sont proches de l'animal.

Et aucune réponse.

Il n'y a aucune réponse au MACT à cette affirmation monstrueusement mensongère.

Alors, si vous cherchez dans les petits ordinateurs que seul un regard avisé et curieux peut trouver, on vous dira simplement que l'Afrique a fourni de grands empires sans vous dire d'ailleurs pourquoi ils étaient grands et en quoi ils étaient grands !

Les petits enfants de 6 ans/12 ans qui voient ce film ne retiendront que cette affirmation : « les noirs n'ont jamais rien inventé, ils sont proches de l'animal ».

Et je pourrai rester des heures à vous parler du MACT qui est une honte et nous travaillons à changer le contenu de cette exposition permanente.

Alors les SACHANTS firent silence et reprirent tranquillement et posément le mot… : Traumatisme.

L'esclavage est un traumatisme !

Et c'est une notion scientifique reconnue unanimement.

L'oubli ! La volonté d'oublier est un traumatisme qui vient s'ajouter à des siècles de traumatismes. L'oubli imposé, l'oubli distillé comme un empoisonnement à la supériorité de la race blanche.

Ce traumatisme est d'autant plus grave que ses effets sont encore plus dommageables parce qu'il est intentionnel.

Les SACHANTS vous expliquent que quand on a subi un traumatisme lié à un accident de la nature comme un cyclone et un ouragan, jamais ce traumatisme ne pourra être aussi fort que quand il y a eu derrière l'acte traumatique, une intention, un projet, une volonté de vous réduire à néant.

Ce traumatisme est d'autant plus grave, et ses effets d'autant plus dommageables, que non seulement les crimes de l'esclavage et de la traite transatlantique étaient intentionnels, mais ils étaient normalisés et légalisés. Ce fameux Code noir !

Or, tous les SACHANTS unanimement affirment : quand il y a un évènement traumatique, il faut d'abord pour guérir de cet évènement traumatique que le dommage soit d'abord reconnu et ensuite (ce qui met à néant tout ce qu'on a pu entendre de ceux qui s'opposent à ce procès que nous faisons) il faut en parler et le répéter.

Et c'est ça aussi qu'il était important de dire aujourd'hui, répéter.

Donc la thèse du ressassement n'est pas une thèse sérieuse, car que voulez-vous faire face à un esclavage qui a été reconnu légalement et qui a été intégré comme une normalité.

Les SACHANTS se turent à nouveau et affirmèrent : il ne peut pas y avoir d'oubli, car…, et le mot fut lâché ! Il y a transmission, mot plaqué au milieu du débat comme pour y mettre un terme : Les traumatismes psychiques se transmettent de génération en génération !

Il existe même un inconscient du traumatisme, c'est-à-dire que vous pouvez cacher à votre enfant l'évènement traumatique… On a noté cependant que l'enfant à qui on l'a caché reproduit les mêmes effets, les mêmes troubles dus aux traumatismes parce que cet enfant a l'intuition qu'on lui cache quelque chose et il s'approprie alors le traumatisme.

Un autre exemple très intéressant, dans l'organisation des habitations qui se nourrissait de tous les maux qui ont abîmé la relation entre les descendants des Africains réduits en esclavage : détournement, déloyauté, trahison — négociation, etc. Mais surtout, suprématie de la race blanche, dans cette organisation il y avait au centre le mépris des noirs vis-à-vis des noirs. L'Africain réduit en esclavage en fait méprisait ceux que le maître méprisait !

Et évidemment de tous ces maux découle la défiance.

Cette défiance expliquerait à l'heure qu'il est encore cette violence que nous connaissons en Martinique, que nous connaissons particulièrement en Guadeloupe. Cette violence entre noirs.

Et puis les SACHANTS de rajouter : on ne peut pas faire l'impasse sur le fait qu'on évalue le traumatisme à la fin de l'évènement traumatique. Ici, il n'y a jamais eu de fin, pendant quatre siècles c'est-à-dire qu'un Africain réduit en esclavage pouvait transmettre le traumatisme psychique qu'il recevait lui-même de sa lignée et le propre traumatisme qu'il subissait lui-même encore !

C'était en fait, une cascade de traumatismes pendant quatre siècles !

Alors l'HISTOIRE savait qu'elle avait perdu.

Alors elle reçut la nouvelle suivante, sans vraiment de surprise, le temps du savoir officiel était mort, le temps du savoir officiel était terminé.

Traumatismes psychiques, transmissions psychiques et voilà que surgit :

L'épigénétique !

C'est la dernière révolution en ce monde du traumatisme, ce qui est important, est de vérifier par l'épigénétique l'impact de l'environnement sur l'expression des gènes.

Comment un stress psychologique peut-il modifier l'expression des gènes.

C'est une découverte, Monsieur le Président, Mesdames de la Cour, une découverte essentielle parce qu'on ne pourra plus dire « prouvez votre préjudice », aux descendants, aux enfants de cet Africain réduit en esclavage.

Comment le subjectif du vécu d'un évènement peut entrainer une modification chimique de l'ADN ?

Les SACHANTS vous l'expliquent : il y a des gènes impliqués notamment dans la réactivité au stress et qu'en cas de stress psychologique, ces gènes peuvent être modifiés et quelles sont les conséquences si un individu subit des modifications de ses gènes, de l'expression de ses gènes qui sont impliqués notamment à la réactivité au stress. Ils peuvent avoir, et ça nous paraît essentiel, les sachants le disent, une réponse totalement inappropriée par rapport à ce stress, parfois excessive même par rapport à ce stress.

Il est indiqué, de plus, que pour d'autres gènes impliqués, d'autres gènes cibles, apparait une vulnérabilité accrue par rapport aux facteurs extérieurs et le développement de maladies.

Cette modification de l'épigénétique, de l'expression des gènes se transmet, c'est une découverte extraordinaire, c'est une révolution parce que plus personne ne pourra dire que nous ne sommes pas, nous, enfants de ces Africains réduits en esclavage, légitimes à dire que nous avons un préjudice propre.

Exemple :

On a analysé des femmes qui avaient subi des stress psychologiques, elles n'étaient pas enceintes. Plus tard, elles sont tombées enceintes et on a analysé les enfants de ces femmes. Très important, elles ne portaient pas l'enfant au moment de l'évènement traumatique. On a analysé les enfants qu'elles ont eus après, alors que l'évènement traumatique était terminé, et on retrouve chez ces enfants les mêmes modifications de l'expression du gène.

Comment pourra-t-on nous dire à nous, nous, enfants des Africains réduits en esclavage, que nous ne sommes pas légitimes à réclamer aussi le droit à réparation du préjudice ?

Et puis il faut arrêter, les SACHANTS le proclament : il faut aussi arrêter cette hypocrisie qui a rongé longtemps les esprits, hypocrisie qui veut qu'en 1848 dès le lendemain de l'abolition, tout était fini, tout était effacé !

C'est pourquoi, nos historiens, car cela a changé nous avons maintenant nos historiens qu'ils soient d'Afrique, qu'ils soient de la Caraïbe, nous apprennent qu'en Martinique et en Guadeloupe après l'abolition, il y a eu une organisation du système esclavagiste qui a continué, que nos historiens appellent « société d'habitation tardive ».

On retrouve dans cette société d'habitation tardive, la même organisation, c'est-à-dire une mise à disposition des bras des ouvriers, ce qu'on appelle maintenant les ouvriers, rapport de soumission, d'exigence, d'autorité et de brimades qu'on trouvait aussi pendant l'esclavage.

Et puis surtout, ils mettent l'accent, sur l'importance de la couleur de la peau et à quel point elle a marqué cette société. ! Parce que c'est en fonction de la couleur de la peau qu'en fait, la vie s'organisait sur ces sociétés d'habitation tardives.

Et vous savez jusqu'à quand cela a duré ? Jusqu'en 1960. Cela veut donc dire que c'est à partir de 1960 qu'on peut dire que les conditions du système esclavagiste auraient quitté les territoires.

De 1960, nous sommes en 2021, cela fait 60 ans, on ne parle pas en termes de siècle, cela fait juste 60 ans.

L'HISTOIRE savait qu'elle avait perdu.

Alors l'HISTOIRE se lève et va à la rencontre de ceux qu'elle avait voulu effacer.

Pour la première fois, elle les regardait bien en face, ceux qui sont les seuls à porter en eux même les morceaux d'âmes de ceux qui n'ont pas encore trouvé le repos.

Pour la première fois, l'HISTOIRE posait le regard sur ces personnes, cherchait à travers elles, ce que ces personnes mêmes ne savaient pas qu'elles possédaient.

Alors elle dit tout simplement : parlez-moi, parlez-moi, parlez-moi de ces horizons infinis que l'Afrique garde jalousement et qui restaient accrochés aux rétines de ceux qui un jour ont croisé le malheur de l'occident.

Parlez-moi de ces traversées qui firent de leur terre jusque-là imaginée, un paradis, où pour garder le souffle, ils se surprirent à compter le bruit des vagues contre la coque, pour le transformer bien plus tard en rythme de tambour.

Parlez-moi, parlez-moi de ce cimetière marin des âmes, ceux dont le destin était de mourir le regard figé sur les champs d'algues et de coraux. Ces âmes qui rôdent encore à ce jour désespérément à la recherche d'une miette de terre pour y trouver simplement le repos.

Parlez-moi, parlez-moi, de ce qui fut votre Nouveau Monde.

C'est vrai que la violence fut telle que nous arrivèrent tous animistes, parfois musulmans.

Combien d'années faut-il pour qu'il ne reste aucune trace de ce que nous fûmes ?

Nous qui croyons en la multiplication de la manifestation de Dieu, la nuit nous laissait le corps tremblant face à la malédiction de n'avoir pas respecté le pacte qui nous reliait à l'univers, à la nature, aux mânes des ancêtres.

Notre monde n'avait plus rien de sacré, ils l'ont désacralisé, ils l'ont désacralisé !

Ils tuèrent nos langues, ils saccagèrent nos représentations, nos rêves et même le souvenir des rois, qui charriaient les mots de la langue, notre passé…

Ils brisèrent ainsi le chemin qui nous reliait du ciel à la terre, de la terre au ciel.

Ce fut l'effroi !

Et nous qui étions habitués à vivre à la racine des arbres jour après jour, nous avons accepté, accepté de vivre, à la cime des arbres tournoyants, au gré des vents que nous sentions assassins et vengeurs.

Les SACHANTS se turent un instant.

Alors l'HISTOIRE à nouveau dit « parlez-moi, parlez-moi de l'homme de ces hommes, de ces femmes aux mille visages »

C'est vrai que nous ne connaissions que détournement, contournement, adaptation et les éternels pas de côté qui feront peut-être ce que nous appelons maintenant le bigidi.

À force de porter mille visages ! nous nous sommes perdus, nous avons oublié le chemin. Ce chemin sur lequel nous avons tant erré, sur lequel nous avons abandonné nos corps, devenus ennemis parce que c'est à travers nos corps, qu'ils ont installé l'envahisseur qui s'appelait douleur physique, membre coupé, corps violé, cri venu du fond des temps, envahissement de nos vies.

Parlez-moi, parlez-moi, je veux tout entendre de vous, tout entendre de ce temps où il n'y avait plus de temps

C'est vrai, il n'y avait plus de temps, seulement l'instant que chaque jour leur dieu créait, la mort ricanait, accompagnait le matin puis attendait simplement la fin. Les regards nourris depuis l'enfance à porter l'horizon ne pouvaient plus que baisser les paupières pour ne jamais fixer les visages porteurs d'autorité.

Parlez-moi, parlez-moi, encore de ces mains de mères qui étouffèrent leur bébé pour qu'ils soient enfin libres. De ces femmes qui aspiraient à ne pas trop aimer, car la vie ne leur appartenait pas, parlez-moi !

Et de quoi vous voulez parler ? Que voulez-vous connaître encore de nous ? De nos errances comme dans les cimetières marins ? Que voulez-vous qu'on dise ? Qu'on dise quoi ? Nous avons déjà tant dit !

Mais l'essentiel, nous sommes là à côté de vous, nous sommes là ! Là comme des vigies de votre âme parce que nous ne pouvons accepter que vous, vos enfants, portiez la trace de nos souffrances et tant qu'il n'y aura pas réparation nous resterons là à roder et nous exigeons et nous méritons tout de même un peu de repos.

Vigie de votre âme, nous ne pouvons pas vous laisser et tant qu'il n'y aura pas réparation, le crime en fait ne sera pas reconnu et vous porterez éternellement nos souffrances.

Nous ne pourrons l'accepter ;

Mais l'HISTOIRE insistait.

Alors vous voulez savoir quoi ? Que nous sommes morts sous les coups des fouets, morts de toutes ces blessures à l'âme et au corps, de ces viols réguliers, morts d'avoir tant attendu un monde qui n'est jamais venu ?

Que voulez savoir de nous ?

L'HISTOIRE alors baissa la tête et dit en chuchotant : je sais tout cela je l'ai toujours su, je ne suis que l'histoire, je ne suis qu'un processus, je suis la force de l'esprit en marche, en marche de se réaliser.

Alors subitement un silence se fit, comme une entente qui se tissait.

Alors, nous qui portons en nous une part de leurs âmes, nous avons entendu au fond de nous-mêmes cette phrase qui nous permet de nous lever le matin, même quand il y a un manque que l'on ne comprend pas, sur lequel même les sachants ne peuvent pas mettre d'étiquette, nous avons entendu cette phrase merveilleuse, cette phrase ! Souvenez-vous de ce que Maya ANGELOU, la grande poétesse noir Américaine avait dit : « Je suis le rêve et les semences de mes ancêtres ».

Et c'est vrai que subitement, nous avons entendu ce qu'ils avaient toujours continué à nous dire, tout le long du temps et tout au fond de notre âme « Vous avez compris, vous êtes notre rêve et notre espérance ».

Et ils terminèrent en prononçant ces mots : « Vous avez compris pourquoi nous avons tant résisté ! »

5.2 Les préjudices passés des victimes et les préjudices actuels des ayants droit : Me Sarah Aristide

Plaidoirie pour le Procès des Réparations
Par Maître Sarah ARISTIDE

Devant la Cour d'appel de Fort-de-France les 11 et 12 Octobre 2021

Introduction

À l'aube était l'Afrique.
Au commencement était l'Afrique.
Continent riche par excellence, débordant, regorgeant de ressources humaines, naturelles, culturelles, historiques.

L'Afrique, berceau de I 'humanité, berceau de tout l'être humain.

Berceau de tous les humains.

Berceau des blancs et des noirs.

Seuls l'éloignement puis les sédentarités géographiques détermineront la couleur de l'épiderme des uns et des autres.

Continent, Terre riche donc d'humanité de toute l'humanité et des êtres humains.

Continent tellement riche, tellement fertile, tellement fécond, qu'il va susciter :

Envie
Avarice
Orgueil

1) L'envie : la volonté de tout piller, de tout prendre, de tout saccager.

De voler toutes ses ressources à l'Afrique.
Convoiter et envier.
2) L'avarice : monstruosité, cruauté de vendre, de déporter et de réduire en esclavage des êtres humains prétendument inférieurs par seul goût du luxe.
3) L'orgueil : Ce préjugé aberrant de l'homme blanc se pensant par arrogance supérieur aux nègres ».

Oublie-t-il ou ne sait-il simplement pas que c'est là sa propre ascendance qu'il attaque ?
Qu'il vendra père et mère fondateurs ?
Mais que diable ! La sainte Église prétend même que la terre est plate.

Elle poursuivra, punira, emprisonnera et tuera même pour avoir osé et avoir persisté à vouloir démontrer que la terre est ronde.
Alors que ne ferait-elle pas pour flageller, profiter et décimer l'Afrique.

Le Crime contre l'humanité est aussi catholique.
Au nom des trois motivations que la Sainte Église a elle-même édictées, érigées comme péchés capitaux.

Elle s'absout elle-même et le Pape Nicolas V par bulle papale du 08/01/1454. L'Église catholique et le pape Nicolas V bénissent l'esclavage et la traite négrière.

3 rôles fondamentaux

1)En coproduisant une idéologique de légitimation de la traite et de l'esclavage des Africains et de leurs descendants.
2)Par Implication directe dans le partage des prédations négrières.
3)Enfin en étant bénéficiaire économique et confessionnel de la traite négrière.

En ce 08/01/1454, Nicolas V instrumente le crime contre l'humanité.

La *Romanus Pontiflex* est la guerre sainte déclarée à l'Afrique.

Il est concédé au roi Alphonso V et au Prince Henry et à leurs successeurs toutes les conquêtes en Afrique en réduisant en servitude perpétuelle toutes les personnes considérées comme infidèles et ennemies du Christ.

Bientôt au nom de l'église, d'enjeux économiques énormes et de théories d'asservissement, l'Europe asservira l'Afrique.

Les associations négrières avérées sont : Lumière, Royauté, Industrielles et Église.

L'autorité morale incontournable de I Église vaut pour toute activité d'ampleur.

Elle régit le quotidien, le spirituel. Elle est imbriquée au pouvoir qu'elle renforce et à qui elle en impose.

Qui ne connaît pas la légende de Cham, fils maudit de Noé dans la Bible et condamné à être à jamais que l'esclave de l'esclave de ses frères, identifiant les Africains aux descendants de Cham.

La configuration même dans laquelle nous sommes aujourd'hui illustre les séquelles de l'esclavage.

Vous êtes l'émanation de l'État français, bien malgré vous à n'en pas douter les descendants de notre bourreau.

Et pourtant et même en toute logique, c'est à vous que nous nous adressons.

La réalité de la Guadeloupe de la Martinique et de la Guyane est cette société postcoloniale.

Elles survivent, elles se meurent de cette société postcoloniale.

Elles n'aspirent qu'à vivre pourtant.

Maintenant et pour l'avenir.

Les temps sont mûrs pour savoir.

Il est temps que tout le monde sache.
Mais après savoir.

Reconnaître
Réparer
Réhabiliter
Pardonner

Alors je vais vous raconter une histoire, celle de mon père, ma mère de tous mes frères et sœurs. De toutes les femmes réduites en esclavage, les A.F.R.E.S.

Mon histoire, est celle d'une fille enceinte, déportée, réduite en esclavage, arrachée à sa terre d'Afrique à la Guadeloupe, à la Guyane, à la Martinique…
Qu'en soit-elle à ce moment-là ?
À cet instant précis, sa vie tout entière a basculé dans le néant, dans le rien, dans le noir.

1. Afrique voyage dans le passé

Enfant :

Maman, je me sens bien dans ton ventre, niché dans tes entrailles.
Autour de toi j'entends les chants, les rires, la langue africaine, des disputes aussi, mais tout va bien.

Je t'entends,
Je t'écoute,
Je te sens me regarder et je te regarde.
Tu danses maman,
Tu ris maman
Tu chantes maman.
Mais que se passe-t-il maman ?
Pourquoi tu cours ?
Mais qui t'attrape ?
Mais qui t'enchaîne ?
Mais qui te marque au fer rouge ?

Tu as mal maman ? Mais ils te marquent partout, sur la tempe, le front, le cou, les joues, le menton, l'abdomen ou le dos.
Personne n'est condamné maman, marquée sur l'épaule droite par la fleur de lys.
Maman qu'est-ce que tu as fait ? Qu'est-ce qu'on a fait ?
Maman j'ai chaud, ça brule ils t'ont marqué l'abdomen.
Maman j'ai mal, je ne suis même pas encore née et j'ai déjà si mal.
Maman je suis là, je suis toujours là, n'aies pas peur, je suis là, maman.
Maman où on est ?
Pourquoi on est enfermé, enchaîné
Tu trembles, pourquoi ?
Mais qui sont ces gens qui crient et qui te frappent, qui te fouettent.
Je ne comprends pas.
J'ai menti maman, j'ai peur, j'ai si peur.
Maman on est seul ?
Où est papa ?
Où est mon papa ?

Je voudrais lui répondre…
Répondre à cet enfant que je porte, au fruit de mes entrailles (voyez-la déjà le poids judéo-chrétien, catholique même de mon langage) en langue africaine.
Mais je ne le peux pas.
On m'a volé ma langue.
Pour échapper à la compréhension du maître, nous en avons inventé une pour parler encore entre nous.
Pour encore nous dire… Terrible et Magnifique anachronisme à la fois.

Créole.
Conque de lambi.
Chant de ralliement.

Maman :

Pitit a manman
An té oblijé kouri
Yo té ka kouri dèyè mwen. Yo trapé mwen
An pa sav ola nou kay
An pa sav poukoi yo féré nou an kal a bato
An pa sav poukoi yo anchèné nou yon a lot.
An pa sav poukoi nou anchèné évè moune an pa konet.
An pa konet toute moun
An swèf
An fen
Mè an ké touvé pitit a manman
An ké touvé manjé mwen baw, bwè mwen baw
An pa sav ola nou yé
Pa pè timoun an mwen, ich mwen, motimoun.
Manman la, manman la, manman ké toujou la

Enfant :

Maman on va mourir ?
Pourquoi on nous traine ?
Pourquoi tu es sur une estrade ?
Pourquoi il y a plein de gens, des personnes blanches
Maman qui attendent.
Maman c'est quoi ces pièces et ces billets ?
Pourquoi tu montres tes dents ?
Pourquoi tu es toute nue ?
On me voit maman.
Maman c'est qui ces gens qui me trainent attachée derrière leurs chevaux, ils me trainent maman ?

Maman :

Timoun en mwen, ich mwen, motimoun, an pa sav ola nou yé.
An pa ka konpran ayen.
Pa pè an ka promet vou kè manman ké toujou la pou protégew.

Elle est enceinte, arrachée à :
Sa terre
Ses racines
Sa langue
Sa culture
Sa famille
Son homme

Enfermée dans une cage sur sa terre avec ses sœurs et frères d'infortune.
Puis déportée à fond de cale en terre inconnue.
Elle vient de promettre à son enfant, enfoui, terré en elle qu'elle sera toujours là pour le protéger.
Elle ne sait pas que cette promesse elle ne pourra pas la tenir, car on lui prendra aussi son enfant.

On lui a tout pris.
Emmenée où ?
Trainée derrière un charriot, enfermée, marquée comme une bête.

Maintenant, là…
Elle a perdu son âme.
Elle ne reverra jamais sa fille esclave, car née d'une mère esclave, d'une femme africaine réduite en esclavage.
Elle n'a plus d'humanité.
Elle n'a plus d'histoire.
Elle n'a plus de racines.
Elle n'a plus d'ancrage.
Elle n'est plus rien.
Elle n'existe plus.

Alors que lui reste-t-il ?
Il ne lui reste que l'espoir.

La révolte.
L'espoir de se battre pour reconquérir :
Son humanité, sa dignité, son âme.

L'espoir de s'échapper, de devenir une négresse *mawon*.

De devenir une mulâtresse Solitude.

L'espoir qu'un jour l'effroyable barbarie, la cruauté infâme soit réparée.

L'espoir d'être réhabilitée pour pouvoir enfin pardonner.

Il lui reste le combat.

Elle aura la victoire !

Nous aurons la victoire !

2. Le présent

Nous sommes les descendants d'Africains réduits en esclavage par la France.

Nous sommes le peuple noir.

Nous sommes la couleur noire.

Nous sommes **de** cette couleur qui sous toutes les latitudes est assimilée grâce à l'occident, au négatif, au péjoratif, au mauvais, au diabolique.

Nous sommes ceux à qui on apprend dès l'enfance qu'avoir de mauvaises pensées c'est avoir des pensées noires.

Que tous les criminels du monde nourrissent de noirs desseins.

Que tous les pessimistes de la terre envisagent l'avenir en noir.

Qu'en musique « le code occidental » fait qu'une blanche vaut deux noires.

Nous sommes venus vous demander réparation, mais pas à genoux, car dignes fiers et animés de l'esprit de justice et d'équité.

Nous demandons, nous exigeons à l'instar de nos frères juifs, de nos frères américains de nos frères Arkis, d'être réparés dans nos cœurs, nos âmes, dans nos corps, dans nos cellules.

Notre ADN porte encore et toujours les stigmates de l'esclavage.

Mais nous sommes fiers.

Nous sommes les enfants d'Ignace, Solitude et Delgrès.

Nous sommes les enfants des nègres marrons de ceux qui se sont échappés qui ont survécu, qui ont libéré la Guadeloupe (2 fois), la Martinique et la Guyane.

Nous sommes les enfants de ceux qui sont morts, de ceux qui ont été assassinés, torturés et mutilés.

Mais nous sommes aussi les enfants du maître.

Beaucoup plus rarement de la maîtresse, mais nous sommes ces enfants-là.

Nous sommes les 20 millions de sacrifiés.

Nous sommes ces 20 millions de sacrifiés.

Nous sommes aussi de nos frères Haïtiens qui subissent toutes les misères de la terre encore aujourd'hui, mais qui en leur temps ont arraché leur liberté.

Nous sommes de la descendance de Toussaint LOUVERTURE, de DESSALINE, de ceux qui ont libéré Haïti du joug de Napoléon et de la Beauharnais, elle-même répudiée, car infertile contrairement à la terre d'Afrique… — et oui Justice des ancêtres.

Haïti au passage qui a arraché son indépendance de 1825 à 1950, pour laquelle est doit payer 27 milliards de dollars après avoir gagné à la loyale toutes les armées.

Nous sommes ceux qui avons été esclaves puis libres et pour certains d'entre nous (la Guadeloupe) de nouveaux esclaves.

Mais sommes-nous vraiment libres ?

L'esclavage est inscrit dans notre ADN.

Nous ne savons toujours pas qui sont véritablement nos ancêtres respectifs.

Notre généalogie est des plus ardue à remonter, car nous avons été les meubles des uns et des autres, pris pour des pseudos citoyens proclamés à condition d'oublier…

Nous avons été sommés d'oublier,

D'oublier les viols, les tortures, les assassinats.

D'oublier même d'où nous venons, comme s'il s'agissait d'un péché originel.

D'oublier que nous avons été spoliés.

Dans quel État indemnise — t-on le criminel et non la victime ?

Au nom de quel principe constitutionnel ou régalien construit-on, bâtit-on la fortune de l'agresseur et démunit-on l'agressé, l'asservi ?

Ce sont les descendants de colons qui ont été indemnisés de leur perte de leurs marchandises, corvéables à merci, sur laquelle ils avaient droit de vie et de mort.

Nous sommes aujourd'hui toujours dans la droite ligne du code noir, certes sans possibilité établie d'atteintes à l'intégrité physique, mais…

Mais…

Nous sommes moins qu'une CB ou une voiture, car l'indemnisation est impossible prétend-on.

La considération même du caractère mémoriel de la loi Taubira est une injure, une insulte ultime.

Mais la jurisprudence dite supérieure a passé là les limites du supportable, car récemment le tribunal judiciaire de Pontoise a condamné pour apologie de crime contre l'humanité, apologie de l'esclavage (JP Djidel en date du 08/07 / 2021 contre Sollier).

Ce caractère mémoriel ne poursuit qu'un but, celui de priver de leur légitime droit à réparation les descendants des A.F.R.E.S.

Cela durera-t-il longtemps ?

Je vous prédis que non.

Nous avons et sommes traités moins que des animaux, car le Code pénal les considère dorénavant comme des êtres vivants et reconnaît leur maltraitance.

On préconise l'oubli.

On l'érige en principe même.

On y associe des termes savants tels que la résilience pour faire passer le concept.

Nous ne sommes pas dupes.

Nous préconisons le devoir de mémoire.

Nous n'oublierons ni les coups ni les viols, ni les tortures ni les insultes ni les assassinats...

Nous ne ferons semblant d'oublier le passé qu'à la condition d'être réparés, réhabilités.

C'est le prix du pardon.

C'est un cri qui vient de loin.

C'est un cri qui sort du fond de nos entrailles.

Notre sang a arrosé les champs de canne.

Aujourd'hui la récolte est à nous.

Les temps sont murs pour savoir.

Les cannes sont mûres pour être récoltées.

Nous n'oublierons pas d'où nous venons, les torts irréparables, mais qui méritent d'être réparés un tant soit peu.

Nous n'oublierons pas ça (cf. lecture).

Et vous ne nous avez pas libérés.

Oubliez cette idée encore destinée à endormir nos frères et sœurs.

Que Schœlcher est le libérateur de la Guadeloupe et de la Martinique ! C'est une honte.

On nous l'enseigne, on ose nous l'apprendre à nous, à nos enfants.

Encore, on ose.

Les héros, les vrais ce sont les nôtres.

Mais force est de constater que tant que les Antillais descendants d'A.F.R.E.S n'auront pas été réparés, subsisteront entre nous même des problématiques générées par l'esclavage et la volonté de plaire au maître.

Cette volonté humaine qui nous force à nous extraire de l'indicible.

Les problèmes que nous avons entre nous pour la couleur de nos peaux.

Cette question de l'épiderme.

De la nature de nos cheveux.

L'absence de solidarité dont nous pouvons faire montre entre nous, tout en étant à certains égards *mem moune la*..

On ne déporte plus, mais on l'organise autrement.

Les conditions sont créées pour...

Pas de travail pour les jeunes.

La violence en Guadeloupe, en Martinique, en Guyane.

Et oui la départementalisation et ses désillusions.

Et pour les autres, l'élite qui s'en sort… la fuite de nos cerveaux en occident, en Asie partout dans le monde.

La Guadeloupe et la Martinique regorgent de talents que nous perdons les uns après les autres.

Une jeunesse désenchantée sans aucune possibilité d'ascension sociale par l'école.

L'État de l'école en Guadeloupe, en Martinique ou en Guyane.

Ce que l'on y apprend et de cruelle façon… pas de spécificité culturelle.

Il n'y a pas suffisamment de filières professionnelles, car il faut de tout, une pédagogie inadaptée… et la déshérence d'une jeunesse à peine instruite et désenchantée qui va vers le facile, le simple, la délinquance, l'oisiveté.

Car pour la France rien n'est pire qu'une jeunesse qui s'éduque, réfléchit et donc s'élève.

C'est le nid de la révolution...

Donnons-leur tout sauf les moyens de s'élever.

Perfusons-les de RMI et autre RSA d'ailleurs souvenir douloureux d'une campagne électorale était la Guadeloupe se rappellera toujours pour avoir loupé le rendez-vous avec l'histoire qu'était la déclaration de Basse-Terre.

Un pas vers l'évolution statutaire que nos frères, Martiniquais et Guyanais ont su franchir.

Nous en aurons donc des rendez-vous marqués avec l'histoire 2009, le LKP qui fait trembler la France et est pris en exemple dans le monde entier.

Où en est-on ?

Domota apparait comme un messie, mais qu'en est-il aujourd'hui ?

Oubliez-vous ce que serait la littérature, la musique, la peinture le sport dans toutes les disciplines confondues sans les FLESSEL, PEREC, RINER, MBAPPE, KOMAN, TRÉSOR, etc.

Et que fait le TPI ou la CPI ?

Elle ne juge que des Africains.

Les Bagbo et autres…

Qu'a fait Laurent Bagbo, il a pris la défense des intérêts de son pays contre l'impérialisme français.

Il a voulu mettre un terme au pillage organisé, instrumentalisé de sa terre.

Le mépris de la France à l'encontre de l'Afrique est aveuglant.

Seuls quelques roitelets africains complices de l'État français ne se sont pas révoltés par exemple du scandale du franc CFA.

Ce que la France a fait an Lybie elle le fait aujourd'hui au Sahel.

Oubliez-vous l'apport de la littérature antillaise à la littérature française ?

Oubliez-vous nos prix ?

Condé, Césaire, Léon Gontran-Damas, Fanon…

Oubliez-vous l'apport des Antilles dans la musique française ?

De Alain Jean-Marie récemment pour son ouvre jazzy, les autres de Kassav (DEVARIEUX, BEROARD, DECIMUS, PIERRE-EDOUARD DECIMUS etc.) reconnus et salués dans le monde entier.

Ce groupe emblématique témoigne de ce que la Caraïbe peut faire ensemble ; *Yon a lot.*

Oubliez-vous l'apport de la peinture de tous ces artistes antillais, Rovelas, l'art Naïf, Joseph etc.

Oubliez-vous l'apport aux mathématiques des Africains.

Oubliez-vous l'empoisonnement au chlordécone pratiqué sur deux dizaines d'années sur simple demande des békés, eux-mêmes comble aujourd'hui partie civile dans ce procès dépaysé à Paris pour éloigner les instigateurs des plaintes que nous sommes d'une institution qui prône aujourd'hui devinez quoi ?

La prescription, tout cela avec l'aide de quelques petits, si petits élus nationaux et locaux minuscules, car eux n'ont aucune excuse.

Oubliez-vous le scandale de la question de cette crise sanitaire actuelle en

Guadeloupe, en Martinique, en Guyane alors depuis 1 ou 2 ans nous disons…

Nous disons…

Nous, nous n'oublions pas que les nôtres meurent tous les jours dans des conditions iniques, infâmes, indignes d'un département français.

Alors, dites-nous !

Quelle leçon pouvons-nous recevoir de ces autorités et de leurs complices locaux.

Aucune !

De tous ceux qui se couchent devant l'ordre établi aussi injuste qu'inéquitable mieux *contra legem*....

Qui marchent à quatre pattes et ne savent vivre que couchés.

Aucune !

Nous, nous levons la tête, nous marchons la tête haute et avançons ensemble vers l'horizon vers l'infini.

Un monde des nègres, des blancs, des métisses, mulâtres, octavons, quarterons, ensembles.

Réconciliés enfin.

3. Avenir

La mémoire est notre devoir, pour laisser à nos enfants ce qui leur revient.

La mémoire est fondatrice.

Elle connaît le passé, pour appréhender le présent et marcher vers l'avenir.

L'avenir ce n'est pas le Mémorial Acte, ce pseudo temple de la mémoire, ce lieu d'évitement que nous avons dénoncé à l'époque.

L'avenir ce n'est pas « j'accepte cet archipel des Amériques… je dis à l'ancêtre qui m'a vendu et à celui qui m'a acheté… merci… »

Aujourd'hui la France est face à son histoire.

Est-ce qu'elle va encore oser nous dire sou couvert alambiqué de prescription… Vous les nègres nous n'être toujours pas êtres humains comme les autres.

Vous les nègres n'êtes tout simplement pas nous parce que vous n'êtes toujours rien.

Que… REINETTE… TYROLIEN… ROVELAS… MALSA… JAY ASSANY… ALEXANE OZER LAFONTAINE… ne regrettent jamais d'avoir aimé leur pays passionnément.

Que la France Assume son histoire,

Qu'elle accepte la nôtre.

Qu'elle comprenne que notre histoire est la sienne et non l'inverse.

Je ne veux plus entendre.

Je refuse d'entendre « Maman pourquoi je suis noire, marron, pourquoi à l'école ont dit que tu es jaune, blanc, marron ou noire.

Maman je ne veux plus aller à l'école, je ne veux plus aller à leur école ».

Je veux répondre à ça, je veux transmettre et laisser en héritage l'universalité.

Je veux pouvoir raconter mon histoire en sachant que c'est mon passé, mon présent, mon avenir.

L'histoire de cette jeune femme enceinte arrachée à tout, à fond de cale, enchaînée, marquée au fer rouge au ventre.

Cette femme… mes enfants, était notre ancêtre, ton ancêtre.

Elle était ta grand-mère, ma mère, moi, nous.

Elle avait un nom, elle avait une vie.

Mais on l'a arraché de l'Afrique pour la réduire en esclavage en Guadeloupe, en Martinique, en Guyane.

C'était mon aïeule, ton aïeule, je le sais parce que j'ai cherché et réalisé l'arbre généalogique.

Ça s'appelle comme ça, nos enfants.

Arrivée dans les colonies on lui a arraché son enfant, parce qu'elle était esclave et donc son enfant aussi.

Elle l'a à peine vu, mais elle l'a aimé tellement.

Elle l'a chéri pour tout ce qui allai être le reste de sa vie.

Bien sûr et bien malgré elle, elle a eu d'autres enfants parce qu'elle était un bien du maître, mais elle a aussi aimé un autre esclave, mais ils ont été punis pour cela.

Alors elle s'est enfuie, seule puisqu'une fois encore on lui avait pris ses enfants.

Elle est partie rejoindre les *nèg marrons*, ceux qui allaient libérer nos iles du joug des colons.

Elle a été arrêtée et emprisonnée, car elle était enceinte de son fier *nèg mawon*.

On l'a exécutée après son accouchement.

Mais elle est là en toi mon enfant, en moi en ta grand-mère, en la mienne, car ses enfants eux aussi ont eu des enfants.

Elle est en chacun de nous.

Écoutez mes enfants.

N'ayez plus jamais honte !

N'ayez plus jamais peur des autres ou de leur regard !

Soyez forts !

Soyez fiers !

Et marchez la tête haute !

Aimez tous ceux qui vous aiment et vous respectent sans jamais les voir autrement que comme des êtres humains comme vous.

Devenez médecins, avocat, ébéniste, juges...

Faites ce que vous soulez de vos vies, c'est à ce prix que vous serez libres.

Un jour on reconnaîtra l'esclavage comme un crime contre l'humanité ou nous considérera enfin comme des humains.

Parce qu'avec nous, avant nous et après nous le combat continuera.

Mais avancez, ne baissez jamais la tête, ne vous mettez jamais à genoux.

J'ai fait le rêve du monde que je voudrais pour mes enfants, pour ma fille, pour mon fils, pour Olivia la petite-fille de Jacqueline Jacqueray.

Un monde où je pourrais leur expliquer en y croyant de toutes mes forces qu'être noir ne nécessite pas plus d'effort.

Que Barack OBAMA ou Kamala HARRIS ne sont pas des exceptions.

Qu'on ne peut pas frapper un gouverneur noir parce qu'on ne l'a pas reconnu.

Qu'en France aussi un président pourra être noir, pays d'assimilation et des droits de l'homme.

Je ne veux pas du monde de Zemmour, Lepen ou autres tartuffes.

Je voudrais lui dire à cette petite fille de 3 ans qui a rejoint sa grand-mère sur l'autel, fait par cette dernière à la mémoire des ancêtres, qu'a à peine 3 ans elle a tout compris.

Si tu savais mon enfant le temps qu'il nous a fallu pour nous départir et encore est-ce déjà fait, des carcans de notre éducation.

Tu as 3 ans et tu entres dans la lignée dans la ligne de tes ancêtres, sans bruit, sans heurt en toute logique, en toute évidence.

Alors nous porte-voix de sans voix, devons pour ma fille, mon fils, pour toi Olivia, pour tous les enfants de la Caraïbe, obtenir réparation pour vous, réhabilitation pour vous, pour tous les enfants, petits-enfants, arrière-petits-enfants d'Africains déportés et réduits en esclavage.

Pour nous tous.

Il n'existe pas de monde parfait, mais il nous appartient tous ensemble de bâtir un monde d'espoir et d'amour.

D'en créer un,
D'en inventer un.
L'amour a une forme et un fond.
Un rythme de fond et des accents.
Un boula et un makè,
Un Bigidi Digital.
L'amour est un signifié.
Que c'est là, maintenant et non pas demain.
Qu'il n'y aura pas de jugements de cour, différents selon que vous serez blanc ou noir.
C'est maintenant.

Le temps est venu de réparer le passé, le présent, l'avenir, se mêle et s'entremêle pour générer l'espoir et le magique, l'amour.

Au nom des miens.
Au nom de tous les miens.
Nous sommes les descendants d'IGNACE, DELGRES et de SOLITUDE.
Ne l'oubliez pas.
Ne les tuez pas encore, encore, encore…
Respectez leur mémoire et la nôtre.
Soyez courageux, soyez des pionniers.
Entrez dans l'Histoire.
Rendez-nous la nôtre pour qu'à partir de maintenant nous puissions tous au crépuscule admirer, ressentir, vibrer enfin La Martinique, la Guadeloupe et la Guyane réconciliée pour toujours.

6. Conclusion du procès

Conclusion du procès par Me Alain Manville

Monsieur le premier, Mesdames de la cour

Le temps est venu de conclure, conclure ne veut pas dire refermer ; donner un point d'achèvement.

La question de la réparation restera ouverte, non pas au plan juridique, car nous l'avons dit et répété, en vérité il n'y a pas véritablement de question juridique de la réparation qui soulèverait de longs débats comme ceux qui nous agitent depuis 17 ans.

Nous l'avons répété, martelé ; le droit à la réparation n'est pas en réalité une question c'est une évidence, une évidence non seulement de la vie, mais du droit.

Cela vous a été dit à plusieurs reprises ;

Ce procès n'aurait pas dû exister, ces 17 ans de débats devant des tribunaux sont en quelques sortes le signe du temps perdu.

Mon confrère vous a parlé de l'affaire Furcy ;

27 années d'une lutte acharnée d'un homme pour faire dire à la justice ce qui était l'évidence de sa qualité, une qualité que la simple lecture de documents permettait d'établir sans équivoque ni conteste.

27 années où il a dû affronter la mauvaise foi des tribunaux coloniaux, où il a dû subir l'avanie et une volonté guerrière de ne pas dire ce qui pourtant était écrit dans le marbre de la loi.

Furcy, a dû subir une véritable guerre de la part de ceux qui défendaient avec acharnement une idée selon laquelle ce nègre devait rester sous un statut qui pourtant ne pouvait être le sien, non pas parce qu'il était homme, un être humain, mais parce que selon leurs propres règles, selon leur loi propre, il était un homme libre.

Le procès Furcy lui aussi n'aurait pas dû avoir lieu, l'évidence de leur propre loi, le code noir lui-même, aurait dû interdire qu'on puisse venir contester son droit, un droit qui n'était pas un droit naturel, mais un droit inscrit dans le corps et le cœur de leur loi propre.

Pour la réparation, l'évidence de la réparation pour une république proclamant les droits de l'homme, et ayant mis à son fronton les mots d'ordre liberté, égalité, fraternité, aurait dû être, non seulement un fait indiscutable, mais une obligation impérative.

Les esclaves propriétés des colons, devenus citoyens de la république, ne pouvait pas ne pas être réparés du crime qu'ils avaient subi, eux et l'ensemble de leurs aïeux en remontant jusqu'au au premier ancêtre, victime de la razzia.

Année 1848, avec le décret d'abolition de l'esclavage 1848 qui énonçait le principe de la réparation, aurait dû être l'occasion de réparer les esclaves.

On réparera ce qu'on considérera comme le dommage des maîtres en niant le droit à la réparation des victimes

L'année 2001 sera en fait la répétition de ce scandale lorsqu'on forcera la sortie de l'article 5 du texte de la loi Taubira qui prévoyait la réflexion sur la question non pas de la réparation, acquise comme une évidence ne pouvant poser question, mais des modalités de cette dernière.

Que ce soit le législateur lui-même ou l'État, il y a eu jusqu'à ce jour une résistance farouche à ce que ce principe d'évidence soit mis en œuvre en réparant les victimes et leurs ayants droits qui restent depuis plus de 170 ans en souffrance de ce droit qu'on s'obstine à leur refuser.

Oui encore une fois ce procès n'aura jamais dû exister dans une république digne de soi.

Mais ainsi va la vie dit-on souvent pour ne pas dénoncer l'injustice quand elle atteint les sommets de l'injuste.

Non ce n'est pas ainsi que va la vie, il y a là un signe de mort, quelque chose de mortifère auquel il est temps de mettre fin.

Ce sera votre tâche, à vous, qui avez aujourd'hui à juger des errements de plus d'un siècle et demi non seulement de la république, mais de ce faire société dont on nous dit qu'elle est notre horizon obligé.

La loi Taubira, est ce premier moment, où surgit enfin après plus de 150 ans l'affirmation claire et distinct qu'il y a nécessité de la réparation, nécessité juridique de la réparation, obligation pour l'État d'enfin d'assumer son crime et de rendre compte.

En établissant par la loi que la traite et l'esclave sont des crimes contre l'humanité, on affirme dans le même temps que ces deux abominations de l'histoire sont non pas seulement criminelles, mais qu'elles sont crime contre l'humanité et qu'elles emportent juridiquement ce que 1848 a refusé aux nègres et accordés aux colons et que depuis 1848 la république feint d'ignorer.

Lorsque La loi Taubira est proclamé, le ciel se déchire et l'éclair de la réparation foudroie l'oubli qui si longtemps en avait réprimée l'idée même.

Il y a enfin une reconnaissance de la souffrance, mais elle n'est pas le signe de la nécessité de forcer l'État français à réparer ses crimes.

La rédaction de la loi a pris soin de faire disparaitre les criminels, les anciennes puissances négrières, soit l'Europe au premier rang desquelles se trouve l'État français.

La loi ne nomme pas non plus les autres crimes contre l'humanité comme la déportation et le génocide qui accompagnent le crime générique du crime contre l'humanité.

Les afro descendants reçoivent cette loi comme une reconnaissance de leur souffrance.

Cependant ils ne sont pas encore conscients de l'opportunité que leur offre cette loi, qui pose enfin les conditions de possibilité juridique de contraindre l'État et la république à réparer.

L'opportunité enfin donnée par cette loi d'obtenir réparation. Ils ne la perçoivent pas, ils ne l'envisagent pas.

Non. Ils ne pensent pas à la réparation qui leur paraît relever de l'IMPOSSIBLE même de l'IMPENSABLE.

Le travail de l'oubli a fait son œuvre, c'est du passé et l'idée que l'on avait inculquée aux affranchis de 1848 selon laquelle leur dite libération aurait été la réparation même de leurs souffrances passées revient.

La loi Taubira accomplirait son ouvre réparatrice à travers cette réparation symbolique des deux crimes.

Une nouvelle fois la vraie réparation se voit occulté, nié dans la conscience des gens parce que de l'ordre de l'impensable, de ce qui l'est devenu du fait du travail plus que centenaire de l'oubli forcée du crime.

Consensus généralisé et silence maintenu sur ce droit à réparation que 150 ans de récit national et de propagande républicaine ont interdit d'émerger comme une nécessité des temps passes mais aussi des temps présents.

La question de la réparation n'est pas une question du passé, mais fondamentalement d'une urgence hic et nunc.

Parmi les promoteurs de la loi Taubira un petit groupe qui avait déjà pensé la question de la réparation ont reconnu dans cette loi le moyen enfin offert d'engager la question juridique de la réparation et d'attraire l'État devant ses juges pour être condamné à réparer.

Ils décident donc de lancer une procédure contre l'État français, une procédure qui semble à tous anachronique et qui est **accueilli avec doute et incrédulité tant par l'État que par les afro-descendants.**

L'accueil qu'elle reçoit tant par la communauté juridique que par le grand public est marquée par le doute profond sur le caractère sérieux de l'entreprise.

Personne n'y croit.

Pas même l'État qui se retrouve devant ses juges et qui pensent que l'affaire sera réglée en moins de deux ans.

Pour les afro-descendants la chape de plomb de l'oubli est si puissante qu'ils ne parviennent même pas à concevoir que des descendants d'esclaves puissent demander réparation à l'État français.

Le crime faisait partie d'un passé sur lequel il était impossible de revenir, Sur lequel le silence était imposé.

Toute demande de réparation semblait non seulement ridicule, mais irrévocablement vouée à l'échec.

17 ans après, cette procédure devient une réalité et le besoin de réparation s'est densifiée dans les consciences et le procès a pris une ampleur digne de l'enjeu : 15 avocats, une population qui veut savoir et réclame que la question soit posée.

Aujourd'hui après 17 ans de procédures les choses ont bien changé.

Times are changing chantait Bob Dylan en 1968.

La chanson s'est fait chair du monde.

Nous sommes aujourd'hui 15 avocats devant cette cour POUR venir plaider la cause de la réparation.

Toute une population qui tend l'oreille pour suivre ce procès.

Des décisions de justice multiples, mais qui articulées les unes aux autres nous permettent de penser que ce procès reçu comme impensable ne relevait pas d'une chimère, mais bien d'un véritable besoin enfoui, qui aujourd'hui a émergé dans la conscience des descendants des victimes de la traite et de l'esclavage.

C'est pourquoi il me faut ici **remercier les consœurs qui ont démontré que ce procès ne se réduisait pas au**

jeu désincarné d'arguments et de concepts d'une pure technique dialectique, mais renvoyait à ce qui touche au plus sensible chez l'être humain, à sa chair et à son âme ce qui donne à ce procès sa dimension essentiellement humaine.

Le monde a changé, la conscience noire s'est éveillée, on ne peut plus tuer un nègre comme un chien sans que la conscience universelle reste silencieuse, que le colonialisme ne peut plus étendre ses tentacules en Afrique comme elle l'a fait pendant plus d'un siècle.

Les temps ont changé !

Les rapports de forces entre le monde des dominants et le monde des damnés de la terre ont basculé et aujourd'hui une situation nouvelle s'est constituée qui fait de la réparation un incontournable, une question historiale.

La preuve en est les multiples demandes de réparations qui émergent partout dans le monde et les initiatives de certains États pour assumer en partie leur devoir de réparer.

Ce procès est un premier moment celui inaugural d'une rupture dans le système de sens et de valeurs qui ont défini depuis 5 siècles l'occident cette civilisation qui au nom de la civilisation a commis les plus grands crimes de l'histoire enchaînant génocide sur génocide.

Cette procédure qui au départ butait sur le silence et l'oubli nous a conduit aujourd'hui sur la voie de l'ouverture.

L'ouverture sur la véritable justice !

Aujourd'hui ce procès ouvre l'espace/ temps pour de nouvelles procédures, il fraye la voie à de nouvelles actions où indéfiniment des ayants droit de déportés et mis en esclavage saisiront le juge français jusqu'à ce que ce dernier soit contraint d'enfin dire leur droit à la réparation et d'entrer en voie de condamnation de l'État français pour que justice soit faite.

Une ouverture qui ouvre le droit à la réparation non seulement aux ressortissants français, mais à l'ensemble de la diaspora afro-descendante partout dans le monde, car la France a mis sa main partout où se trouvent aujourd'hui des descendants de déportés mis en esclavage.

Un jour devant le juge français se présenteront les descendants des déportés de la Barbade, de Trinidad, de la Dominique, de Sainte Lucie, d'Haïti, du Brésil et de façon massive des U.S.A qui ont été pendant plus d'un siècle les territoires de la nouvelles France.

Cette ouverture ouvre aussi à de nouveaux objets de procédures telle celle déjà engagée, devant votre cour **au sujet des charniers** dont les requérants ont réclamé qu'ils fassent l'objet en Martinique de recherche archéologique afin de pouvoir les localiser et y établir des lieux de mémoire.

Il est peut-être ici nécessaire de rappeler que le crime direct s'est perpétré sur plus de deux siècles et demie et que la réparation est un processus à multiples faces ; aux multiples objets et faudra-t-il peut être deux siècles et demi pour qu'elle achève son œuvre.

Mais là n'est pas la question

Cette ouverture ouvre aussi sur le nouvel horizon du monde, un monde qui connaît aujourd'hui des transformations radicales où il ne sera bientôt plus possible de continuer à parler des damnés de la terre.

Une ouverture sur l'auto-réparation libératrice !

Puisque La décision de mettre en œuvre pour chaque ayant droit des mis en esclavage d'entrer dans le procès fait à l'État est un moment essentiel de l'auto réparation qui est devenu aujourd'hui nécessaire pour enfin permettre le passage à la libération.

Ce procès est le combat des victimes et descendants de victimes des crimes contre l'humanité commis à leur encontre par la France.

C'est leur combat. Et face à eux se dresse un État français et un système judiciaire français qui déploient toute son énergie à vouloir maintenir le crime.

Cette auto-réparation est la forme ultime de la réappropriation de soi dans la réaffirmation de l'intangibilité de sa qualité d'être humain.

Dès lors **le discours négationniste** qui traverse le livre que citait le confrère hier dans sa plaidoirie *Peut-on réparer l'histoire ?* manifeste son non-sens.

Il ne s'agit pas de réparer l'histoire, l'histoire ne subit aucun crime, l'histoire ne connaît aucun préjudice, seuls les hommes, les femmes pourvus d'un corps et d'une âme peuvent être victimes d'un préjudice.

Le procès de la réparation vise des hommes en chair et en en os dont le refus obstiné de l'État à réparer offense la conscience et insulte l'intelligence.

Comme rappelé multiple fois au cours de ce procès, refuser l'équation crime/victime/dommage relève de l'irraison.

Ce procès aura démontré que rien dans le système du droit qui fait le cadre juridique de notre vie ne peut faire obstacle à la réparation et que continuer à prétendre que la loi interdirait de condamner l'État ne pourrait être qu'un immense mensonge que l'histoire jugera.

Des ouvertures qui s'inscrivent dans le mouvement actuel du monde.

Toutes ces ouvertures prennent leur sens dans le mouvement actuel du monde où se produit le processus de déclin de l'occident, principe de l'ensemble des crimes qu'a commis l'humanité depuis 5 siècles.

En effet, la question de la réparation s'inscrit dans ce mouvement irréversible où l'humanité des damnés de la terre ne peut plus être rabaissée comme elle l'est depuis plusieurs siècles.

C'est la raison pour laquelle la question de la réparation que vous avez à juger **est une question historiale** non pas seulement historique parce qu'émergeant en 2005 et poursuivant sa route en 2021, mais parce qu'elle sera la question dominante du 21e siècle à côté de celle du devenir écologique du monde.

Ne pas lui donner solution conduira à une nouvelle catastrophe comme celle que risque de connaître l'humanité si elle refuse de voir ce à quoi conduit l'absence de tout souci écologique depuis 5 siècles.

Cette folie enracinée dans le principe recteur de l'occident : faire de l'homme le maître et possesseur de la nature.

La question du droit à la réparation est aujourd'hui une Evidence. Une évidence morale et politique, mais fondamentalement juridique et la guerre que le juge français a jusqu'à maintenant déclarer au droit à la réparation connaîtra le même sort que celle qu'il y a plus d'un siècle les juges coloniaux ont fait au droit de M. Furcy dont l'évidence était absolue et incontournable.

Furcy pourtant a dû se battre pendant 27 ans avant qu'un juge ne puisse mettre fin au déni de justice dont il était victime.

Dès lors le refus obstiné des juges jusqu'à aujourd'hui et le combat qui a été mené avec une forme d'acharnement par la cour suprême est un combat à contre-courant qui s'inscrit dans le courant plus large du négationnisme.

Négationnisme du crime dont le premier moment a été ce décret d'abolition de l'esclavage où l'on a réparé le criminel et non la victime.

Négationnisme du crime parce que la réparation prévue à l'article 3 du décret 1848 et que va mettre en œuvre le décret de 1849 revient à nier le caractère de crime de la mise en esclavage puisque selon le droit français le dommage qui résulte de la cessation d'un crime ne peut jamais être l'objet d'une quelconque réparation.

Réparer le préjudice que subissaient les possesseurs d'esclaves revenait donc à déclarer que l'esclavage n'était pas un crime et venait donc contredire le principe même que posait le décret de 1848 lorsqu'il affirmait que l'esclavage est un attentat à la dignité humaine.

Les confrères ont rappelé que le législateur a pris dans le **cadre de la loi sur l'égalité dans les outre-mer** la décision d'abroger le décret de 1849 organisant l'indemnisation des criminels tout en précisant que cette abrogation ne remettait nullement en cause le fait que ces derniers, les criminels, avaient été indemnisés.

Il y a là encore une marque de ce négationnisme qui continue d'habiter l'État français et la république française qui parce qu'elle se refuse au mouvement naturel qui aurait dû être le sien, à savoir réparer le crime, en perpétue l'existence.

Ce qui est particulièrement regrettable c'est que cette abrogation a été faite à l'initiative de représentants supposés des ayant droit des victimes des deux crimes.

S'il faut faire comparaison **avec ce que la République a fait au sortir de Vichy** annulant l'ensemble des décisions normes décrets ordonnances, lois prises pour opérer la discrimination des juifs, les annulant toutes sans exception, il en va tout autrement concernant la traite et l'esclavage.

Pour les textes qui ont fondé l'organisation illégale de l'esclavage, ni le décret d'abolition ni la loi française jusqu'à aujourd'hui ne les ont ni abrogés ni annulés.

Ainsi en est-il du code noir qui reste au cœur de l'ordonnancement juridique français comme un trou noir dont le non-sens interpelle.

Pour finir, il convient de rappeler quelques évidences que l'on se refuse à entendre.

Ainsi **contre le discrédit que les négationnistes** tentent de porter sur ceux qui réclament la réparation, le rappel suivant s'impose :

Nous ne sommes pas à la recherche d'identité, en reconnaissance d'un statut victimaire nous ne nous inscrivons pas dans des concurrences mémorielles absurdes et vaines nous ne sommes pas des séparatistes fauteurs de guerre civile nous réclamons un droit et vous êtes saisis en votre qualité unique de magistrat diseur de droit et uniquement et simplement d'un problème de pur droit et de justice.

Nous ne demandons que le droit, le droit du droit à être strictement appliqué et respecté ce qui est le garant du procès équitable et du juste rendu de la justice.

Je terminerai par une citation extraite du chapitre des essais **de Montaigne consacré « aux cannibales ».**

Il s'agit d'un texte qui met en cause fondamentalement le suprématisme blanc, l'illusion délirante de la supériorité de l'homme blanc, ce suprématisme qui court à travers toutes les décisions de justice qui ont été rendues jusqu'à aujourd'hui.

Il fait appel à une intelligence des choses qui, selon nous a fait défaut jusqu'à aujourd'hui, à l'institution judiciaire et qui soutient ontologiquement la procédure réparation dont l'action conduite devant vous n'est qu'un moment important, mais nullement exclusif.

Comme je l'ai exposé dans le chapitre de ce procès consacré au positionnement du juge français, au fondement dernier de ce positionnement qui est fondamentalement idéologique il y a cette idée de la supériorité de la civilisation occidentale qui fait de l'autre une *res extensa*, *wildernis* disait G. Mairet qu'il convient de maîtriser et d'exploiter.

Cela a été le destin tragique des nègres, déportées et réduit en esclavage par le monde blanc ivre de son expansion.

Contre cette gangrène de la pensée avant d'être celle de l'action, il faut penser avec Montaigne qui déclarait :

« Voilà comment il se faut garder de s'attacher aux opinions vulgaires, et les faut juger par la voie de la raison, non par la voie commune ».

La réparation et sa question, c'est cette pensée autre qui ouvre le monde sur de nouveaux horizons.

Je vous remercie

En guise de conclusion : Analyse du jugement rendu par la Cour d'appel de Fort-de-France le 18 janvier 2022. Me Alain Manville

S'il y a une chose qui, autant que les propos des esclavagistes, m'irritent, c'est d'entendre nos philanthropes clamer, dans le meilleur esprit sans doute, que tous les hommes sont des hommes et qu'il n'y a ni Blancs ni Noirs. C'est penser à son aise, et hors du monde, Madame. Tous les hommes ont mêmes droits. J'y souscris. Mais du commun lot, il en est qui ont plus de devoirs que d'autres. Là est l'inégalité. Une inégalité de sommations, comprenez-vous ? À qui fera-t-on croire que tous les hommes, je dis tous, sans privilège, sans particulière exonération, ont connu la déportation, la traite, l'esclavage, le collectif ravalement à la bête, le total outrage, la vaste insulte, que tous, ils ont reçu, plaqué sur le corps, au visage, l'omni-niant crachat ! Nous seuls, Madame, vous m'entendez, nous seuls, les nègres ! Alors, au fond de la fosse ! C'est bien ainsi que je l'entends. Au plus bas de la fosse. C'est là que nous crions ; de là que nous aspirons à l'air, à la lumière, au soleil. Et si nous voulons remonter, voyez comme s'imposent à nous, le pied qui s'arcboute, le muscle qui se tend, les dents qui se serrent, la tête, oh ! la tête large et froide ! Et voilà pourquoi il faut en demander aux nègres plus qu'aux autres : plus de travail, plus de foi, plus d'enthousiasme, un pas, un autre pas, encore un autre pas et tenir gagné chaque pas !

> C'est d'une remontée jamais vue que je parle, Messieurs, et malheur à celui dont le pied flanche ! (Aimé Césaire, *Le roi Christophe*).

Ce livre réunit les principales plaidoiries qui ont été tenues lors des audiences du 11 et 12 octobre 2021, dans un procès qui a commencé en réalité bien avant l'assignation qui a été délivrée à l'État français pour la première fois, le 25 mai 2005, quatre ans après la proclamation de la loi TAUBIRA.

Le procès pour la réparation s'enracine dans un évènement qui se passe en octobre 1993 dans le théâtre « Aime Césaire » à Fort-de-France où se tient un autre procès, le procès de Christophe Colomb. Le cercle Frantz Fanon est l'organisateur de ce procès qui réunit des avocats, répartis entre juges, procureurs, accusateurs et défenseurs, des experts de l'histoire de la traite et de l'esclavage qui seront amenés à témoigner et un large public intéressé de savoir ce que fut ce crime dont il va être menée l'instruction, instruction criminelle de cet épisode de l'histoire qu'inaugure ce qu'on a appelé la découverte de l'Amérique.

Cette audience tenue sur deux jours fait partie de ces pas à tenir jusqu'à cette remontée inouïe vers l'instauration d'un droit qui se voit bafoué depuis plus d'un siècle et demi et dont la trappe à l'oubli devra un jour se refermer façon définitive par la condamnation des états des anciennes puissances négrières.

Le présent commentaire de l'arrêt qui a été rendu suite à ces deux jours d'audience durant lesquels 12 avocats ont plaidé la cause des requérants et deux avocats, celle représentant les intérêts de l'État, vise tout d'abord à pallier l'absence de présentation des plaidoiries tenues au nom de l'État, mais aussi à éclairer le sens et la portée juridiques de certaines plaidoiries.

À travers la critique de la décision qui a été rendue par la Cour ce sont les arguments développés par l'État et repris pour l'essentiel par la Cour qui sont en réalité exposés et démontés.

Plusieurs des textes de ces plaidoiries n'ont pas, en effet, été mis à la disposition de l'éditeur du présent ouvrage et notamment celles tenues par les avocats de l'État dont il nous a semblé inutile de reprendre les arguments que la Cour précisément a mis en musique dans son arrêt.

Le commentaire qui est ici livré permettra au lecteur de comprendre pourquoi les requérants ont pu affirmer dès 2017, alors qu'ils avaient été déclarés prescrits en leurs demandes et déboutés, qu'ils avaient en réalité gagné leur procès et pourquoi de nouvelles procédures ont été et vont être mises en place malgré ce qui peut paraitre un échec avec ce nouveau rejet par la Cour des mêmes demandes.

En 2017, en effet, après la prise de connaissance de la décision rendue par la Cour d'appel, un commentaire fait sur cet arrêt pouvait ainsi affirmer que loin de venir fermer la question juridique de la réparation, l'arrêt de 2017 validé deux ans plus tard par la Cour suprême ouvrait un nouveau chapitre dans le combat juridico-judiciaire de la réparation des deux crimes de la traite et de l'esclavage.

Le lecteur découvrira que, derrière la belle forme que l'arrêt de 2022 a donnée à ses considérants, et qui semblent développer de puissants arguments et une logique implacable, se tient l'incohérence et l'inconsistance d'un montage en trompe-l'œil, où rien ne tient, et où la Cour a bricolé, en détournant et en dévoyant la plupart des catégories juridiques dont elle a fait un usage abusif, et en suivant une logique et un raisonnement qui n'a strictement rien de juridique, mais relève de la simple opinion et souvent du paralogisme.

Le jugement de janvier 2022 pose de façon apriorique et d'autorité que l'empêchement à agir a cessé d'exister après mai 1948.

Alors que la Cour de 2017 suspendait la réalité de la prescription à la démonstration que l'empêchement d'agir qu'elle avait reconnu valoir jusqu'en mai 1948 s'était poursuivi au-delà de cette date, l'arrêt rendu en janvier 2022 pose de façon apriorique et d'autorité que ce dernier a bien cessé d'exister après mai 1948.

Ce faisant, il a recours à un principe d'autorité et en aucun cas à une motivation juridique, principe d'autorité qui, à l'analyse, dénonce son absurdité et son incompatibilité avec les catégories juridiques auxquelles a recours la cour.

Selon la décision rendue en janvier 2022 la question ne se pose pas et la Cour juge, en refusant de répondre aux conclusions des requérants qui y ont consacré de longues explications et démonstrations.

En effet, les requérants exposaient longuement dans leurs écritures devant la Cour que l'empêchement d'agir identifié par la Cour de 2017, dès 1848, n'a pas plus cessé en 1948 qu'en 2001 ou 2022.

Il était concrètement démontré que rien ne pouvait justifier la décision de la Cour de 2017 d'affirmer et de juger que l'empêchement d'agir aurait cessé en mai 1948, faute par les appelants d'avoir été en mesure de démontrer le contraire.

Non seulement il ressortait des explications développées par les appelants devant la Cour d'appel de 2017 que l'empêchement d'agir s'était poursuivi jusqu'à la loi

Taubira et au-delà, loi en laquelle il voyait une condition de possibilité pour les ayants droit d'agir juridiquement, moyen qui faisait défaut jusqu'alors puisque sans la qualification juridique de la traite et de l'esclavage comme crime contre l'humanité, ce que seule réalise la loi TAUBIRA, les ayants-droit étaient dépourvus de tout instrument juridique pour engager une procédure.

L'arrêt rendu en janvier 2022 va contester cette réalité juridique en affirmant que ce n'est pas la loi Taubira qui a offert aux ayants droit le moyen de faire valoir en justice leur droit à la réparation, mais un tout autre évènement juridique situé plus de 50 ans plus tôt, soit la reconnaissance internationale de la notion de crime contre l'humanité.

La Cour rature alors cette question de l'empêchement comme privée de pertinence pour affirmer, au détour de notations historiques, que l'empêchement d'agir aurait été levé en même temps que naissait la notion de crime contre l'humanité et sa reconnaissance internationale.

Il s'agit là d'une affirmation non seulement totalement gratuite, mais qui ne repose sur aucun fait et qui de surcroit constitue un moyen de droit que la Cour introduit au débat sans avoir permis aux parties de pouvoir en discuter.

Pas de débat contradictoire entre les parties au procès.

La nouvelle théorie qui repose sur des moyens de droit nouveaux, n'a pas fait, tout comme en 2017, l'objet d'un quelconque débat contradictoire entre les parties au procès.

Elle est imposée par la Cour comme son *ratio decidendi,* alors qu'il s'agit d'un simple décret arbitraire de cette dernière, expression d'un *ober dictum* ; relevant de la simple opinion et d'une décision totalement opportuniste et arbitraire, la Cour d'appel pose de façon apriorique que la question de la claire conscience d'une créance contre l'État serait née et aurait existé avec l'apparition de la notion de crime contre l'humanité au cœur du droit international

« Les ayants droit des victimes ont été à même d'apprécier les conséquences des atteintes résultant de l'esclavage et de la traite négrière dès la reconnaissance internationale de la notion de crime contre l'humanité », écrira-t-elle comme motif de sa décision.

Selon la cour, la prescription quadriennale de la loi du 31 décembre 1968 serait acquise, d'évidence calendaire et mathématique, depuis au moins un demi-siècle, soit des 1953 lorsque le tribunal a été saisi de l'action en 2005.puis en 2014

Le point de départ du cours de la prescription résulterait de la conjonction de l'émergence de cette idée du crime contre l'humanité et de la claire conscience de la créance qu'il ferait naitre chez les ayants droits des victimes grâce à l'existence de ces mouvements ultranationalistes qui prétendument naissent après la fin de la Seconde Guerre mondiale.

Malheureusement pour la Cour d'appel de Fort-de-France, tout cela ne tient pas ni en droit ni en fait.

L'idée du crime contre l'humanité ne peut en aucun cas être le véhicule juridique pour un procès en réparation conduit par des créanciers conscients de leur créance contre l'État et des voies judiciaires qui sont ouvertes à eux.

Pas plus les mouvements ultra nationalistes que cite la Cour qui visent l'indépendance des colonies n'ont — ils eu l'idée d'un quelconque droit à la réparation, problématique totalement absente de leurs préoccupations tant politiques qu'historiques, pas plus le droit international définissant le crime contre l'humanité n'a-t-il rendu possible une procédure contre l'État français au titre d'une réparation des crimes de la traite et de l'esclavage.

Le moteur de l'action de ces mouvements des années 50 et même 60 est focalisé sur le droit des peuples à disposer d'eux même, grand principe que proclame la charte des nations unies de 1945.

De la réparation nulle part il est question.

La Cour procède par raccourcis pour déduire que les requérants seraient prescrits lorsqu'ils ne le sont pas en droit et ne peuvent pas l'être en fait si l'on considère les règles qui régissent le régime de la prescription.

C'est en réalité par un tour de passe-passe que la Cour va construire sa thèse/théorie d'une prescription à partir de ces prémisses dont il sera démontré qu'elles sont non seulement fausses, mais reposent également sur une dénaturation des faits et de nombreuses catégories de droit par dévoiement de la logique juridique.

En témoignent de façon exemplaire, autant le refus réitéré de l'État de réparer, que les fins de non-recevoir successives que prononcent les juges français à la reconnaissance du droit à la réparation qui conjuguent leur force pour empêcher toute prise de conscience claire chez les ayants droit des victimes des deux crimes de l'existence effective de leur créance et de la possibilité de la faire valoir en justice.

La décision de la Cour elle-même qui continue toujours en 2022 à dire aux ayants droit des victimes qu'ils ne peuvent agir puisqu'ils seraient prescrits, participe elle-même de cette poursuite de l'empêchement d'agir qui est aussi empêchement à la prescription.

L'affirmation gratuite et fausse par l'ensemble des autorités publiques qu'il y a nécessairement prescription après plus de 150 ans après le crime et qui semble relever autant du sens commun que du bon sens constitue précisément un empêchement d'agir efficace qui paradoxalement interdit, en effet, toute possibilité de prescription.

Bien que parfaitement, fausse du point de vue du droit, elle est efficacement convaincante et emporte l'adhésion de la très grande majorité des ayants droit.

À ce premier empêchement d'agir, vient s'adjoindre toute une série d'autres empêchements d'ordre tant idéologique que sociologique qui contribuent à l'entretien permanent de l'interdit de penser que non seulement il y a un droit inaliénable à la réparation, mais que ce droit leur est refusé non pas en raison d'une application de la loi, mais d'un déni de justice que les juges dissimulent derrière des arguments juridiques qui ne sont que des arguties et des manipulations subtiles des règles de droit.

Comme le relève pertinemment l'avocat en charge du pourvoi contre l'arrêt de janvier 2022, comment peut-on opposer à des justiciables à qui l'on a dit que le crime est imprescriptible qu'ils puissent être prescrits pour avoir engagé leur action trop tard ?

La Cour ne fournit aucun élément ni de fait ni de droit permettant d'affirmer que l'empêchement d'agir aurait cessé après 1948.

Il est constant que la Cour d'appel de Fort-de-France, en 2022, ne donne aucun élément, de quelque nature que ce fut, qui permettent de penser ou d'affirmer que l'empêchement d'agir identifié par elle en 2017 aurait cessé après 1948.

Pour rappel, la même Cour en 2017 affirmait qu'il y avait bien eu un empêchement d'agir interdisant d'agir pendant un siècle, mais que les requérants auraient failli à prouver que ce dernier se serait poursuivi après mai 1948. Cette

réponse de la Cour d'appel de 2017 devait être validée par l'arrêt de la Cour suprême de 2019.
L'arrêt du 19 décembre 2017 jugeait ainsi :

> (...) bien que recouvrant une pleine capacité théorique d'action en justice, il est illusoire de considérer que les esclaves affranchis par la loi ont pu avoir immédiatement une pleine conscience de leur droit d'agir en justice à l'encontre de l'État et surtout qu'ils avaient alors la possibilité matérielle et morale de l'exercer devant une juridiction de ce même État.
> L'action a ainsi été suspendue jusqu'au jour où les victimes, ou leurs ayants droit, ont été en mesure d'agir, conformément au principe « *contra non valentem agere non currit prescriptio* » dont se prévalent les appelants. Pour autant, ceux-ci ne démontrent pas un empêchement qui se serait prolongé durant plus de cent ans et qui aurait fait obstacle à ce qu'au moins les héritiers des anciens esclaves agissent bien avant l'assignation délivrée seulement le 30 mai 2005 et encore postérieurement pour les personnes physiques intervenantes volontaires.
> La prescription de droit civil est donc acquise sur la base des textes alors en vigueur.

Tout le débat devant la Cour qui allait rendre sa décision en janvier 2022 tournait autour de cette question de la poursuite ou non de l'empêchement d'agir après un siècle. Pourtant cette question sera totalement occultée.

L'arrêt du 18 janvier 2022 fera l'impasse totale sur la question, ignorant les conclusions prises par les requérants, se contentant d'affirmer arbitrairement, et surtout faussement, que les conditions d'une prescription étaient réunies dès 1948 et que les requérants ayant introduit leur action plus de 60 ans plus tard sont nécessairement prescrits.

De ce seul fait, il prive sa décision de toute base légale et relève du déni de justice.

Cette abstention volontaire de considérer et de traiter de cette question éminente de l'empêchement d'agir ne pouvait en aucun être pallier par la mention, de surcroit erronée et inopérante faite par la Cour aux « mouvements et penseurs nationalistes ultramarins des années cinquante ».

De fait, cette abstention condamne juridiquement l'arrêt de 2022 à l'inconsistance.

Le jugement de 2022 : violation de sa propre jurisprudence et concepts juridiques inadéquats

Le jugement de 2022 est rendu en violation de sa propre jurisprudence et surtout sur la base de l'utilisation inappropriée de concepts juridiques dévoyés et dénués en soi de toute pertinence pour fonder juridiquement une décision de prescription et le rejet des demandes des requérants.

L'arrêt de 2022 présente un raisonnement fait de bric et de broc et développe une argumentation incohérente qui introduit des catégories juridiques impropres à faire la démonstration pour laquelle elles se voient indument convoqués.

– Du point de vue strictement juridique : la Cour a recours à des concepts juridiques inadéquats qui de surcroit sont en incapacité totale de servir de principe » inspirant pour une possible procédure, mais surtout sont dans l'impossibilité de fournir un instrument juridique utile et surtout pertinent et efficient pour ester en justice.

La Cour d'appel de Fort-de-France affirme deux choses contradictoires et incompatibles pour fonder sa théorie de la prescription :

– la fixation du point de départ du délai de prescription d'une action en réparation contre l'État pour les deux crimes de la traite et de l'esclavage à partir de la reconnaissance internationale de la notion de crime contre l'humanité faite entre 1945 et 1948

– l'impossibilité d'agir contre un État au titre de la commission d'un crime contre l'humanité que vient reconnaitre le droit international de la fin des années 1940.

Si la notion de crime contre l'humanité ne permettait pas juridiquement en 1948 de mettre en cause les responsabilités des états, elle ne pouvait fournir le moyen d'une mise en cause juridique et encore moins judiciaire de l'État français pour les crimes de la traite et de l'esclavage

Mais la contradiction ne s'arrête pas là. En effet, comment la qualification de la traite et de l'esclavage comme crime contre l'humanité qui n'apparait qu'en mai 2001 avec la loi Taubira aurait-elle pu soutenir une action contre l'État français dans les années cinquante ?

Comment cela est — il possible alors qu'à l'époque la période et les faits de la traite et de l'esclavage font et sont l'objet d'un refoulement complet de la conscience des hommes et d'un oubli de l'Histoire ?

Comment une claire conscience d'un possible droit à la réparation est-elle possible alors que pour ceux, rares, qui ont la conscience de l'existence de cette période de l'Histoire, l'idée de crime n'est pas encore présente et que ces temps tragiques sont compris comme des moments sombres d'une Histoire par ailleurs en progrès vers la raison.?

Ce passé lointain n'intéresse personne, les urgences du moment sont l'avenir d'une décolonisation à réaliser et l'instauration d'un nouvel ordre international ou les peuples peuvent enfin disposer d'eux même.

Il y avait même une impossibilité d'agir, un obstacle insurmontable à envisager une action judiciaire contre l'État français du fait même de cette absence de toute reconnaissance nationale ou internationale des faits de la traite ou de l'esclavage comme faits relevant de crimes et mieux de crimes contre l'humanité, absence doublée de l'inexistence dans la conscience commune de toute idée d'une responsabilité fautive des États négriers dans les pratiques criminelles qui furent les leurs.

La conscience du droit à la réparation pour les crimes de la traite et de l'esclavage aurait existé à partir des années cinquante

La Cour d'appel prétend, de plus, que la conscience du droit à la réparation pour les crimes de la traite et de l'esclavage aurait existé à partir des années cinquante chez les penseurs ou dirigeants des mouvements nationalistes ultramarins.

La Cour se garde bien d'en désigner les noms, puisque cette affirmation ne repose sur aucune réalité historique, et que, tout au contraire l'idée même d'une réparation par l'État français des conséquences dommageables des crimes de la traite et de l'esclavage n'avait aucune existence dans la conscience, ni de la population ultramarine, ni de son avant-garde indépendantiste et nationaliste comme l'affirme gratuitement la Cour d'appel, pour les seuls besoins de sa démonstration sans fond.

La Cour invoque à nouveau arbitrairement un argument factuel au soutien de sa thèse de la prescription qui ne se soutient d'aucune réalité historique et qui en tout état de cause n'est aucunement en mesure de valider juridiquement la prescription qu'elle va retenir.

Tout d'abord, ces penseurs ou mouvements nationalistes ultramarins porteurs d'un combat pour la réparation n'ont jamais existé, ni en 1950, ni en 1960, ni dans les années suivantes qui conduisent aux jours d'aujourd'hui, où les nationalistes ultramarins n'ont pas évolué depuis les années 1950 et continuent de manifester une hostilité maladive et pathologique à l'idée de la réparation.

Sur l'existence nécessaire d'un droit à réparation pour les victimes d'un crime reconnu par la loi

En ce qui concerne la prétendue irrecevabilité des demandes des ayants droit, relatives à leurs préjudices actuels et personnels :

Si la Cour rejette les demandes des requérants en leur qualité d'ayants-droit des victimes des deux crimes au nom de la prescription qui affecte leur action, elle reconnait que pour ce qui est de leur demande à titre personnel pour leur préjudice personnel en qualité de descendants des déportées africains, il ne saurait y avoir de prescription.

La Cour rappelle, en effet, que :

> En revanche, les personnes agissant à titre personnel ne peuvent se voir opposer la prescription en raison du point de départ de celle-ci, lequel est propre à chacun d'eux.
> En effet, la révélation des dommages subis personnellement du fait des crimes commis à l'égard de ses ascendants peut résulter d'un fait générateur susceptible de se relever à n'importe quel moment de son existence.

La décision de 2022 décidait cependant que les requérants n'auraient pas justifié de préjudices actuels liés à leurs personnes en lien de causalité directe avec les faits incriminés.

Elle exposait ainsi cette décision :

> Néanmoins, aucune des parties recevables ne produit de pièces suffisamment probantes de nature à établir souffrir individuellement d'un dommage propre qui puisse se

rattacher de manière directe et certaine aux crimes subis par leurs ascendants victimes de la traite et de l'esclavage.

Pour la cour, privée d'un moyen efficace et effectif de prescription pour rejeter les demandes, ces dernières cependant restent irrecevables au motif qu'aucun des demandeurs n'aurait été en mesure selon elle d'établir l'existence d'un préjudice certain, direct et personnel en lien avec la traite négrière transatlantique et l'esclavage.

Pourtant certains de ces préjudices relevaient de faits objectifs et ne prêtant pas à contestation, étant des faits avérés et même vérifiés par la science comme le préjudice généalogique ou les préjudices résultant de la transmission épigénétique des traumatismes historiques.

La Cour n'en fera pas cas et rejettera les demandes des ayants droit sur la base de ce refus de reconnaitre l'évidence, une évidence dont la Cour pourtant pouvait elle-même témoigner.

Il parait, en effet, difficile de nier que chacun des requérants est par définition en tant que descendant d'un déporté et mis en esclavage victime d'une privation d'un droit à généalogie.

C'est un fait objectif qu'avant 1848, le déporté et mis en esclavage n'avait pas d'état civil et n'était répertorié que dans les registres relatifs aux biens meubles ou immeubles de son maitre.

Dès lors, la Cour ne pouvait, comme elle le fait, contester le lien de causalité direct et certain de ce préjudice généalogique avec les faits de la Traite et de l'esclavage.

C'est une même dénégation que la Cour opère au sujet la transmission transgénérationnelle des traumatismes subis par les ascendants.

Le défaut de lien de causalité direct et certain a cette fois pour origine le doute que porte la Cour sur la réalité de l'épigénétique qu'elle renvoie à une simple spéculation.

La Cour en conteste la réalité en la rapportant à une simple hypothèse lancée par quelques universitaires. Or il ne s'agit nullement du résultat de thèses universitaires, mais de travaux scientifiques qui ont été validés par la cité scientifique et font donc partie comme tels des faits vérifiés par la science.

Ce droit s'étend même à une demande d'expertise de la nature particulière et des modalités par lesquelles ce traumatisme historico-structurel traverse et peut déterminer sa psyché et son corps.

Qu'ils s'agissent d'angoisses, de complexes, de phobies ou de manifestation plus physique comme l'hypertension, le diabète, ils sont le signe de ce préjudice d'origine qui marque tous les descendants des victimes du crime par l'effet de la transmission transgénérationnelle.

Ces ayants-droit dont la Cour a été contrainte de reconnaitre qu'ils échappent à la prescription pour ce qui relève de leur préjudice personnel sont également porteur d'une autre créance contre l'état, cette fois au nom du devoir de mémoire et du principe que les juges du fond eux-mêmes ont reconnu, à savoir l'existence incontestée d'un principe de réparation morale que porte avec soi la loi TAUBIRA.

Ce principe de réparation morale qui se traduit dans le devoir de mémoire ne se limite pas aux commémorations et érections des lieux de mémoire, mais concerne, fondamentalement la question du savoir encore défaillant sur ce crime qui reste un continent noir pour la connaissance.

Il ne peut, en effet, y avoir de reconnaissance effective des deux crimes sans qu'il y ait concomitamment et — jusqu'à la fin du XXe siècle et aujourd'hui objet de tous les refus de savoir dès lors qu'il vise la dimension criminelle du crime toujours objet de son euphémisation par le récit que l'État français veut imposer de son histoire que réclament les ayants-droit à travers la demande d'expertise

La réalisation du devoir de mémoire dont le premier moment est la connaissance exacte du crime et de ses conséquences dommageables ne peut être laissée au bon vouloir du criminel, soit l'État français qui fondamentalement n'a pas changé sa politique de l'oubli mis en place depuis l'abolition de 1848 dont le mot d'ordre était ; « *oubliez qui vous fûtes et devenez ce que la république vous offre de devenir, des citoyens français, membres égaux de la famille humaine* ».

La connaissance de ce qu'a été le crime requiert qu'une expertise indépendante de l'État soit conduite en vue d'une vraie reconnaissance de ce que fut le crime et non de son travestissement comme le réalise le Mémorial Act qui en est la falsification la plus honteuse.

La Cour, face de cette demande de savoir difficilement contestable, puisque inscrite au cœur de la loi Taubira et reconnu comme tel par l'État français lui-même trouvera alors une série d'objections dénuées de toute pertinence affirmant même contre l'évidence que le juge n'a pas pouvoir de faire des injonctions à l'État en vertu de la séparation des autorités judiciaires et de l'administration.

Argumentaire fallacieux que dément la jurisprudence ordinaire des juridictions civiles et que le juge de la mise en état dans sa décision de 2008 qui réfutait la prétendue compétence administrative pour le contentieux de la réparation avait déjà balayé.

S'agissant de crimes, ces derniers ont droit à une instruction et ce droit à l'instruction doit être la tâche de ce collège d'experts dont les requérants demandaient la désignation et que la Cour leur refuse au nom de règles de droit et de moyens juridiques inconsistants et sans fondement.

La Cour ainsi motive ce refus de la façon suivante :

Cependant, la loi a elle-même prévu une série de mesures censées mettre en œuvre sa dimension symbolique et apporter une contribution mémorielle à la reconnaissance de l'esclavage et de la traite qu'elle proclame en écartant la constitution du collège d'experts prévue initialement en son article 5.

Le juge judiciaire, qui n'est pas législateur, ***ne peut apprécier*** *si ces mesures sont suffisantes et de nature à satisfaire à cet objectif.*

Par ailleurs, *en vertu du principe de séparation des pouvoirs posés par l'article 16 de la Déclaration des droits de l'homme et du citoyen du 26 août 1789 et la loi des 16-24 août 1790,* il n'a pas davantage autorité pour adresser des injonctions au parlement, au gouvernement et à l'administration.

Il est à relever en premier lieu que ce monopole reconnu à l'État est inconciliable avec les principes d'un état de droit qui condamne toute dictature mémorielle. Il relève d'une conception stalinienne de l'histoire qui ne dit pas son nom et heurte le sens d'une histoire dont le principe doit être la liberté et l'objectivité.

Or rabattue sur une préoccupation propre de l'état, cette mémoire de ce que fut l'histoire ne peut être qu'une apologétique de ce qu'a pu faire l'état.

Les faits que cette mémoire est supposée relater et honorer ne peuvent être ceux de l'histoire réelle, mais d'une histoire réécrite du point de vue qui a été et reste celui de l'État et qui ne peut être habité d'aucun sens critique.

Le devoir de mémoire accaparé par l'État ne peut conduire qu'à une mémoire et une histoire officielle dont l'objet et l'objectif sont de transcrire le passé de façon orientée aux antipodes d'une restitution objective de la vérité historique des choses.

L'état et ce monopole qu'il se voit attribué, aussi arbitrairement que de façon infondée, ne peut en aucun cas satisfaire aux exigences de restitution de la vérité historique qu'il se charge tout au contraire de falsifier.

L'état ne peut donc être celui qui a la charge du devoir de mémoire, car ce devoir de mémoire et ce droit de savoir sont à l'opposé de ses intérêts.

Si de nombreux travaux de recherche et de scientifiques traitent aujourd'hui de la traite et de l'esclavage ; il reste qu'en ce qui concerne la dimension criminelle des deux crimes il demeure des zones encore inexplorées, obscures et restées hors le champ de la recherche académique et que la cité scientifique est réticente à éclairer pleinement.

Ce n'est pas un hasard s'il n'existe pratiquement rien sur les charniers où les nègres marrons ont été enterrés alors que ces derniers essaiment le territoire de la Martinique et devraient faire l'objet de lieu de mémoire.

Tout comme les demandes de réparation matérielle et financière, cette demande relative à l'expertise des deux crimes se voit opposer une série d'arguments qui n'ont que l'apparence du droit, et ne sont en réalité que des motifs privés de tout fondement juridique, et qui heurtent toute logique.

La Cour pour rejeter ces demandes se retranche, en effet, derrière un argumentaire hautement discutable comme l'impuissance du juge judiciaire à faire injonction à l'État d'agir sur le terrain du devoir de mémoire ou l'obstacle que serait la séparation posée par le décret de 1790 entre l'autorité judiciaire et l'administration et l'interdiction faite à l'autorité judiciaire de s'immiscer dans les affaires de l'administration.

Derrière ces moyens apparemment juridiques, il n'y a qu'un raisonnement privé de toute juridicité et qui se joue des catégories juridiques et des règles de droit qu'il invoque.

Il y a dans cette thèse qui ne se soutient d'ailleurs d'aucun fondement et élément juridique sérieux une contradiction logique et idéologique avec le discours de l'État et des juges d'une volonté affirmée de développer une mémoire commune et de faire œuvre de commémoration.

Il ne peut y avoir de véritable commémoration, ajustement des mémoires, sur la base d'un monopole de l'État sur l'œuvre de mémoire.

Il y a antinomie entre un travail de mémoire visant l'élaboration d'une mémoire commune et de réconciliation si le travail de mémoire est confié à l'exclusif du criminel, en l'espèce à l'État français, auteur du crime.

Cette vision proprement stalinienne de la reconstitution de l'histoire est proprement incompatible avec le travail de vérité qu'elle implique.

C'est livrer l'histoire et sa mémoire à la propagande de l'État et aux mensonges de son narratif officiel, narratif auquel la loi Taubira devait mettre un terme en permettant la restitution d'une histoire refoulée à la mémoire absente.

Une mémoire commune ne peut advenir que si cette dimension criminelle du crime dont l'expertise doit contribuer à mettre en lumière la réalité sort de la zone obscure où l'a plongée l'histoire et un siècle et demi d'oubli forcé.

L'opposition de la Cour à la demande d'expertise ne relève plus du droit, mais d'une politique judiciaire ou il a été fait choix de préserver un état de fait, celui de la falsification de 'l'histoire auquel continue d'œuvrer l'État français et le refus de la société française de regarder en face les crimes qu'elle a commis et d'en tirer toutes les conséquences, et, au premier chef, celles, juridiques, qu'implique la reconnaissance par la loi du crime.

L'arrêt de la Cour de Fort-de-France s'inscrit dans une vieille et longue tradition de l'institution judiciaire qui depuis que les instruments juridiques d'une mise en cause de l'État français ont fait leur entrée dans le droit positif a construit une ligne Maginot pour faire obstacle à une condamnation des chefs des crimes coloniaux.

La Cour de cassation dès le procès de Nuremberg où la France faisait partie des juges du tribunal a élaboré des jurisprudences adaptées à cette fin, comprises comme la protection de l'intérêt général et la défense de la grandeur de la France.

Ainsi, la Cour de cassation a été amenée à rendre des décisions opportunistes et violatrices du droit, dont la plus exemplaire, tant pour ses motivations dernières, que pour l'objectif poursuivi, a été celle du 15 février 2013, où faisant un usage abusif de considérants d'une décision du Conseil constitutionnel, elle a déclaré la loi Taubira loi dépourvue de portée normative, visant ainsi à saper le fondement de l'action engagée en 2005 contre l'État français.

Index

Table des matières

Annexes

Jugement du procès des 11 et 12 novembre 2021
Communiqué de presse du Premier Président de la Cour d'appel de Fort-de-France du 18 janvier 2022

MINISTÈRE
DE LA JUSTICE
*Liberté
Égalité
Fraternité*

**Cour d'appel
de Fort-de-France**

Fort-de-France, le 18/01/2022

LE PREMIER PRESIDENT

COMMUNIQUE DE PRESSE
MIR et autres contre Etat français

Rappel de la procédure antérieure :

Estimant l'Etat français responsable des crimes contre l'humanité de traite négrière transatlantique et d'esclavage, l'association Mouvement international pour les réparations (le MIR) et l'association Conseil mondial de la diaspora panafricaine (le CMDPA) l'ont fait assigner le 30 mai 2005 devant le tribunal de grande instance de Fort-de-France aux fins d'obtenir principalement:

- une expertise destinée à évaluer le préjudice subi par le peuple martiniquais,

- une provision gérée par le département et la région, en attendant la constitution d'une fondation.

Des personnes physiques se sont jointes à cette action.

Par jugement rendu le 29 avril 2014 le tribunal de grande instance de Fort-de-France a:

- déclaré irrecevables certaines personnes physiques en leur action ;

- débouté les autres parties de l'ensemble de leurs demandes.

Par arrêt rendu le 19 décembre 2017 la cour d'appel de Fort-de-France a confirmé pour l'essentiel ce jugement.

Le 17 avril 2019 la cour de cassation a rejeté le pourvoi formé contre cet arrêt considérant:

- que les articles 211-1 et 212-1 du code pénal, réprimant les crimes contre l'humanité étaient entrés en vigueur le 1er mars 1994 et ne pouvaient s'appliquer aux faits commis antérieurement en raison des principes de légalité des délits et des peines et de non-rétroactivité de la loi pénale plus sévère ;

- que la loi du 21 mai 2001 n'avait apporté aucune atténuation à ces principes ;

- que l'action civile engagée contre l'État, indépendamment de toute qualification pénale, était soumise à la fois à la prescription de l'ancien article 2262 du même code et à la déchéance des créances contre l'État prévue à l'article 9 de la loi du 29 janvier 1831, devenu l'article 1er de la loi du 31 décembre 1968 ;

- que la cour d'appel avait dès lors exactement décidé que cette action, en ce qu'elle portait sur des faits ayant pris fin en 1848, et malgré la suspension de la prescription jusqu'au jour où les victimes ou leurs ayants droit avaient été en mesure d'agir, était prescrite en l'absence de démonstration d'un empêchement qui se serait prolongé durant plus de cent ans.

<u>L'arrêt rendu par la cour d'appel de Fort-de-France le 18 janvier 2022 :</u>

Le 20 mars 2014, quarante-huit personnes physiques, le MIR, l'association Comité d'organisation du 10 Mai et ainsi que le Comité International des Peuples Noirs (CIPN) ont fait assigner l'agent judiciaire de l'Etat en expertise, réparation et indemnisation des crimes de traite négrière et d'esclavage.

Par jugement rendu le 4 avril 2017 le tribunal de grande instance de Fort-de-France a:

- constaté l'irrecevabilité des prétentions du MIR et d'une personne physique;

- débouté les autres demandeurs de l'ensemble de leurs prétentions.

Les demandeurs ont relevé appel de cette décision le 30 mai 2017.

Par deux arrêts rendus le 11 février 2020 ont été écartées deux questions prioritaires de constitutionnalité portant d'une part sur la fixation par la jurisprudence consolidée de la cour de cassation du statut de la loi n° 2001-434 du 21 mai 2001 comme loi mémorielle privée de portée normative et d'autre part sur les dispositions des articles 10 du code de procédure pénale et 121- 2 alinéa 1er du code pénal.

Par arrêt rendu le 18 janvier 2022 la cour d'appel de Fort-de-France a confirmé pour l'essentiel le jugement rendu par le tribunal de grande de Fort-de-France le 4 avril 2017 en déclarant toutefois irrecevables certaines parties en leur action.

Aux termes de sa motivation la cour a essentiellement retenu:

- que l'autorité de la chose jugée s'attachant aux décisions rendues dans le cadre de l'instance introduite le 30 mai 2005 faisait obstacle à l'action du MIR et d'une personne physique au regard du principe de concentration des moyens qui leur imposait de présenter dans l'instance précédente l'ensemble des moyens qu'ils estimaient de nature à fonder leur demande;

- que le Comité d'Organisation du 10 Mai et le Comité International des Peuples Noirs, ayant comme objet social notamment de promouvoir la mobilisation pour que la loi 2001-434 soit appliquée et la coordination des actions mémorielles de l'histoire de la traite négrière et de l'esclavage, démontraient leur capacité et leur intérêt à agir en justice;

- que les pièces produites par plusieurs personnes physiques établissaient leur naissance aux Antilles et leur permettaient d'établir leur ascendance avant 1848 ainsi que leur recevabilité à agir;

- qu'aucune disposition nationale ou internationale n'avait prévu de poursuites pénales rétroactives hormis le jugement de personnes physiques en tant que grands criminels de guerre des pays de l'Axe et de responsables de violations graves du droit international humanitaire commises sur le territoire de l'ex-Yougoslavie et du Rwanda ;

- que si la prescription invoquée n'avait pu commencer à courir qu'à compter du jour où les victimes, ou leurs ayants droit, avaient été en mesure d'exercer leur action, cette capacité avait été reconnue par les nations civilisées à la fin de la seconde guerre mondiale par la déclaration universelle des droits de l'homme du 10 décembre 1948 , la convention pour la prévention et la répression du crime de génocide approuvée par l'assemblée générale des Nations Unies le 9 décembre 1948 et par la Convention de sauvegarde des droits de l'homme et des libertés fondamentales adoptée le 4 novembre 1950;

- que cette conscience de pourvoir exercer une action avait par ailleurs été renforcée par certains penseurs ou mouvements nationalistes ultra-marins;

- qu'en tout état de cause, et à supposer que cet empêchement se soit prolongé jusqu'à l'entrée en vigueur de la loi Taubira, l'action des demandeurs en leur qualité d'ayants droit était en toute hypothèse prescrite au regard des dispositions des articles 2224 du code civil, 26 de la loi 2008-561du 17 juin 2008 et 1er de la loi du 31 décembre 1968 relatives à la prescription;

- que la loi Taubira, sans porter un jugement sur son caractère normatif ou mémoriel, avait clairement écarté le principe d'une réparation financière pour indemniser les descendants des esclaves;

- qu'elle n'avait ainsi ni ouvert un nouveau droit à réparation à leur profit en leurs qualités d'ayants droits, ni eu pour effet de repousser le point de départ du délai de prescription de l'action civile, ni enfin reconnu un droit nouveau de nature à permettre à compter de sa promulgation une indemnisation financière individuelle;

- que si les personnes agissant à titre personnel ne pouvaient se voir opposer la prescription en raison du point de départ de celle-ci, lequel était propre à chacun d'eux, elles ne démontraient pas souffrir individuellement d'un dommage propre qui puisse se rattacher de manière directe et certaine aux crimes subis par leurs ascendants victimes de la traite et de l'esclavage;

- qu'en effet les seules références à des préjudices transgénérationnels liés à l'influence de l'environnement de l'homme sur la génétique et l'existence de phénomènes de transmission de traumatismes collectifs historiques à caractère déshumanisant, mais également à des préjudices matériels et moraux vécus par l'ensemble des descendants d'esclaves ne permettaient pas d'établir pour chacune des personnes physiques l'existence d'un préjudice certain, direct et personnel en lien avec la traite négrière transatlantique et l'esclavage.

- que la demande d'expertise était virtuellement comprise dans l'exigence du devoir de mémoire reconnue par la loi du 21 mai 2001 qui mettait en œuvre une série de mesures censées mettre en application sa dimension symbolique et apporter une contribution mémorielle à la reconnaissance de l'esclavage et de la traite négrière;

- que le juge judiciaire, qui n'était pas législateur, ne pouvait en conséquence apprécier si ces mesures étaient suffisantes et de nature à satisfaire à cet objectif ni adresser des injonctions au parlement, au gouvernement et à l'administration au regard du principe de séparation des pouvoirs.

Structures éditoriales du groupe L'Harmattan

L'Harmattan Italie
Via degli Artisti, 15
10124 Torino
harmattan.italia@gmail.com

L'Harmattan Hongrie
Kossuth l. u. 14-16.
1053 Budapest
harmattan@harmattan.hu

L'Harmattan Sénégal
10 VDN en face Mermoz
BP 45034 Dakar-Fann
senharmattan@gmail.com

L'Harmattan Cameroun
TSINGA/FECAFOOT
BP 11486 Yaoundé
inkoukam@gmail.com

L'Harmattan Burkina Faso
Achille Somé – tengnule@hotmail.fr

L'Harmattan Guinée
Almamya, rue KA 028 OKB Agency
BP 3470 Conakry
harmattanguinee@yahoo.fr

L'Harmattan RDC
185, avenue Nyangwe
Commune de Lingwala – Kinshasa
matangilamusadila@yahoo.fr

L'Harmattan Congo
219, avenue Nelson Mandela
BP 2874 Brazzaville
harmattan.congo@yahoo.fr

L'Harmattan Mali
ACI 2000 - Immeuble Mgr Jean Marie Cisse
Bureau 10
BP 145 Bamako-Mali
mali@harmattan.fr

L'Harmattan Togo
Djidjole – Lomé
Maison Amela
face EPP BATOME
ddamela@aol.com

L'Harmattan Côte d'Ivoire
Résidence Karl – Cité des Arts
Abidjan-Cocody
03 BP 1588 Abidjan
espace_harmattan.ci@hotmail.fr

Nos librairies en France

Librairie internationale
16, rue des Écoles
75005 Paris
librairie.internationale@harmattan.fr
01 40 46 79 11
www.librairieharmattan.com

Librairie des savoirs
21, rue des Écoles
75005 Paris
librairie.sh@harmattan.fr
01 46 34 13 71
www.librairieharmattansh.com

Librairie Le Lucernaire
53, rue Notre-Dame-des-Champs
75006 Paris
librairie@lucernaire.fr
01 42 22 67 13

www.ingramcontent.com/pod-product-compliance
Lightning Source LLC
LaVergne TN
LVHW010944061026
849535LV00007B/2568

* 9 7 8 2 1 4 0 4 8 5 9 1 6 *